KB040006

신냉전에 반대한다

The United States Is Waging a New Cold War: A Socialist Perspective
by Deborah Veneziale, John Bellamy Foster, John Ross
Introduction by Vijay Prashad
All rights reserved.

This Korean edition is published by Secondthesis, Seongnam, Republic of Korea with
permission from International Union of Left Publishers.

신냉전에 반대한다
워싱턴이 벌이는 신냉전과 절멸주의에 관한 노트

엮은이 비자이 프라샤드
지은이 데보라 베네치알레, 존 로스, 존 벨라미 포스터
옮긴이 심태은, 이재오, 황정은
감수 국제전략센터

1판 1쇄 발행 2022년 12월 6일

펴낸곳 두번째테제
펴낸이 장원
등록 2017년 3월 2일 제2017-000034호
주소 (13290) 경기도 성남시 수정구 수정북로 92, 태평동락커뮤니티 301호
전화 031-754-8804 | 팩스 0303-3441-7392
전자우편 secondthesis@gmail.com
페이스북 facebook.com/thesis2
블로그 blog.naver.com/secondthesis

ISBN 979-11-90186-27-8 03340

이 책은 국제좌파출판인협회International Union of Left Publishers와의 협의
를 통해 출간되었습니다.

책값은 뒤표지에 있습니다. 잘못된 책은 바꾸어 드립니다.

신냉전에 반대한다

**워싱턴이 벌이는 신냉전과
절멸주의에 관한 노트**

Washington's New Cold War: A Socialist Perspective

비자이 프라샤드 엮음
데보라 베네치알레, 존 로스, 존 벨라미 포스터 지음

심태은, 이재오, 황정은 옮김

국제전략센터 감수

두번째
2

차례

일러두기

1. 이 책은 No Cold War, Monthly Review, Tricontinental: Institute for Social Research에서 공동 기획한 *The United States Is Waging a New Cold War: A Socialist Perspective*(*Washington's New Cold War: A Socialist Perspective,* 2022)를 완역한 것이다.

2. 본문 이탤릭체는 작은따옴표로 표기했으며, 책과 잡지 제목은 《 》로, 신문 기사, 논문 및 문서는 〈 〉로 표기하였다. 이외에 이해를 돕기 위해 옮긴이 주를 추가하였다.

3. 외국 인명, 지명은 국립국어원의 외래어 표기법과 용례를 따랐다. 다만 국내에서 이미 굳어진 인명과 지명의 경우 통용되는 표기로 옮겼다. 의미 전달을 위해 필요한 경우 원어나 한자를 병기했다.

서문

비자이 프라샤드

2022년 3월 23일, 스위스 다보스에서 열린 세계경제포럼 World Economic Forum에서 헨리 키신저 전 미국 국무부 장관이 우크라이나 전쟁과 관련하여 발언한 내용이 눈길을 끌었다. 그는 "현재의 분위기"에 휩쓸릴 게 아니라 미국이 이끄는 서구 세계가 러시아를 만족시킬 평화협정을 내놓아야 한다고 말했다. 또한 "지금보다 더 전쟁을 추구하는 것은 우크라이나의 자유를 위한 것이 아니며 러시아에 대한 새로운 전쟁을 일으키는 것일 뿐"이라고 지적했다. 서구권 외교 정책 기관 대부분은 이에 부정적인 의견을 내고 키신저의 말을 무시했다. 평화주의자라고는 할 수 없는 키신저조차도 전쟁의 확대가 아시아에 새로운 철의 장막이 드리워질 가능성뿐만 아니라 서구권과 러시아, 중국 간의 치명적인 전면전으로 비화할 위험성이 매우 크다는 것을 시사했다. 이런 상상을 초월하는 결과는 국제관계에서 미치광이 전략을 자주 구사한 리처드 닉슨 전 미국 대통령을 모셨던 키신저가 보기에도 도를 넘은 것이다. 베트남 전쟁 당시 닉슨 대통령은 밥 홀더먼Bob Haldeman 백악관 비서실장에게 호치민을 공포에 빠트려 항복시키기 위해 "핵 버튼에 손을 올리고 있다"고 말했을 정도로 호전적이었다.

2003년 미국이 벌인 이라크 불법 침공을 앞두고 미국 국무부 소속 고위 공무원으로부터 다음과 같은 이야기를 들은 적이 있다. 워싱턴 정가의 지배적인 분위기를 한마디로 표현하면 '단기간의 고통을 감내하고 장기간의 이득을 취한다 short-term pain for long-term gain'는 것이다. 그 고위 공무원은 미국의 엘리트 계층에게 다른 국가를 비롯하여 전쟁이 초래하는 혼란과 학살로 인해 경제적 어려움을 겪을 수 있는 미국 노동자의 단기적인 고통 따위는 기꺼이 감내할 수 있다는 관점이 널리 퍼져 있다고 설명했다. 대가를 치르더라도 일이 잘만 풀리면, 미국이 제2차 세계대전이 끝났을 때부터 추구했던 [전 세계에서의] 우위를 유지한다는 장기적인 이득을 얻을 수 있다는 말이다. 그와 이야기를 나누며 '일이 잘만 풀리면'이라는 전제에 소름이 돋았다. 그러나 그만큼 끔찍했던 것은 누가 고통을 받을지, 누가 이득을 얻을지를 저울질하는 냉혹함이었다. 워싱턴 정가에는 원유 및 금융 대기업이 이라크를 정복한 후 얻을 수 있는 달콤한 과실을 맛볼 수만 있다면 이라크인이나 노동자 계급이기도 한 미국 군인에게 미칠 부정적인 영향(및 죽음)은 감수할 만하다는 시니컬한 이야기가 널리 퍼졌다. '장기간의 이득을 위한 단기간의 고통'이라는 태도는 인간의 존엄과 자연의 영속성을 추구하는 프로젝트는 용인할 의사가 없는 미국 엘리트 계층의 환상을 한마디로 규정한다.

'장기간의 이득을 위한 단기간의 고통'은 미국과 서구 동맹국이 러시아와 중국을 상대로 벌이는 위험한 도박을 규정한다. 미국의 태도에서 눈에 띄는 점은 유라시아 통합 프로세스라는 불가피한 역사적 과정을 가로막으려 한다는 것이다. 미국의 주택 시장이 붕괴하고 서구 금융 부문이 심각한 신용 위기를 겪은 이후, 중국 정부를 비롯한 다른 남반구 국가들은 북미와 유럽 시장에 의존하지 않는 플랫폼을 구축하고자 했다. 2009년 브릭스BRICS(브라질, 러시아, 인도, 중국, 남아프리카공화국)가 발족했고, 2013년 중국이 일대일로(나중에 신실크로드 전략으로 명명됨) 정책을 발표했다. 러시아의 에너지 공급과 막대한 금속 및 미네랄 저장량, 중국의 산업 및 기술 역량은 많은 국가가 정치적 성향에 관계없이 신실크로드 전략에 참여하는 요인이 되었다. 여기서 러시아의 에너지 수출은 중요한 토대가 되었다. 이렇게 참여한 국가에는 폴란드, 이탈리아, 불가리아, 포르투갈이 있으며 독일은 현재 중국의 최대 상품 교역국이 되었다.

유라시아 통합이라는 역사적 사실은 미국과 대서양 엘리트 계층의 우위를 위협한다. 이 위협 때문에 미국이 수단과 방법을 가리지 않고 러시아와 중국을 '약화'하려고 위험한 일을 벌이는 것이다. 워싱턴 정가에는 핵우위nuclear primacy를 추구하고 데탕트 이론을 부인하는 오랜 관습이 지금도 지배적이다. 미국은 헤게모니 유지를 위해 지구를 파괴할 수 있는 핵능력과 핵태세를 개발했다. 이들은 러시아와 중국을 약화하기 위해 미국발 하이브리드 전쟁을 확대하여 고립시키는 전략을 쓰고 있으며 중국과 러시아의 팔다리를 잘라 영원히 지배하려 한다.

이 책에서 소개하는 세 편의 글 모두 현재 우크라이나에서 벌어지는 일을 더 장기적인 관점에서 면밀하게 논리적으로 분석한다.

《먼슬리 리뷰Monthly Review》 편집장 존 벨라미 포스터John Bellamy Foster는 우위를 유지하기 위해서라면 핵겨울Nuclear Winter, 즉 절멸을 감수할 수도 있음을 의미하는 미국의 '확전우위escalation domination' 개념에 대해 설명한다. 러시아와 미국이 보유한 실제 핵무기 숫자와 관계없이, 미국은 러시아와 중국의 핵무기를 파괴하고 이들 국가를 완전히 타도하여 굴복시킬 수 있다고 생각하는 대군사counterforce 전략을 개발했다. 이런 공상은 미국의 정책 입안자가 작성한 과장된 문서만이 아니라 대중 언론에서도 종종 나타난다. 그들은 러시아에 맞선 핵공격이 중요하다고 주장한다.

이탈리아의 언론인 데보라 베네치알레Deborah Veneziale는 미국 군국주의의 세계를 탐구한다. 특히 다양한 노선을 갖는 미국 정치 엘리트 계층이 어떻게 한데 뭉쳐 러시아, 중국과의 충돌 전략을 지원하는지를 살펴본다. 싱크탱크, 방산기업, 정치인 및 언론은 유착관계를 형성하고 견제와 균형라는 헌법에 따른 보호 조치를 무시한다. 미국 엘리트 계층은 전 세계의 사회적 부(미국 400대 부자의 순자산 총합은 거의 3.5조 달러에 육박하며 미국인이 다수인 전 세계 엘리트 계층이 불법 조세회피처에 보관하는 부의 규모는 거의 40조 달러에 달한다)에 대해 자신들이 가진 압도적인 통제권을 보호하기 위해 갈등을 촉발하고 있다.

냉전에 반대하는 시민단체 노콜드워No Cold War 콜렉티브의 회원인 존 로스John Ross는 미국이 우크라이나 갈등을 통해 전 지구에 군사적인 공격을 질적으로 확대했다고 서술한다.

이런 전쟁은 미국이 주요 강대국인 러시아와 직접 맞붙으려하며 대만을 '우크라이나화'함으로써 중국과의 갈등을 확대할 의도가 있기에 특히나 위험하다. 로스는 중국의 회복탄력성과 자국의 주권과 여러 정책을 수호할 의지, 미국의 외교 정책 목표에 점점 질려 가고 있는 남반구 국가가 미국을 제약할 수 있는 요소가 될 것이라고 주장한다. 전 세계 국가 대부분은 우크라이나 전쟁을 자국의 갈등이라고 여기지 않는다. 더 광범위한 인류의 딜레마 해결에 매몰되어 있기 때문이다. 이는 2022년 5월 25일, 무사 파키 마하마트Moussa Faki Mahamat 아프리카연합African Union 의장이 아프리카야말로 "러시아와 우크라이나 사이에서 벌어진, 저 멀리서 일어난 갈등의 부수적인 피해자"라고 이야기한 데서도 잘 드러난다. 이 갈등은 공간적으로뿐만 아니라 정치적 목표 측면에서도 아프리카, 아시아, 라틴아메리카 국가들과는 거리가 멀다.

이 연구는 《먼슬리 리뷰》, 노콜드워 콜렉티브, 트라이컨티넨탈: 사회연구소Tricontinental: Institute for Social Research가 공동으로 진행했다. 이 책을 읽고 주변 친구와 나누고 기회가 된다면 이 주제에 관한 이야기를 나눠 보기 바란다. 귀중한 인류의 생명과 지구의 영속성이 위협 받고 있다. 이 사실을 무시하는 것은 불가능하다. 이 세상 거의 모든 사람이 우리가 말하는 실질적인 문제에 동의할 것이다. 우리는 자신의 압도적인 권력을 지키려는 서구 엘리트 계층의 편협한 욕망 때문에 갈등을 강요 받기를 원치 않는다. 우리는 생명의 편이다.

미국이 세계에서 더 많은
군사 침략 행위를 벌이는 이유

존 로스

시작하며

우크라이나 전쟁으로 이어지는 일련의 사건은 미국이 지난 20년간 걸어온 군사 침략 행위를 국제적으로 확장시키는 행보에서 나타난 새로운 질적 가속을 보여준다. 우크라이나 전쟁이 발발하기 전 미국은 미군에 비해 훨씬 군사력이 약하고 핵무기가 없는 개발도상국을 상대로 해서만 군사적 충돌을 일으켰다. 1999년 세르비아 폭격, 2001년 아프가니스탄 침략, 2003년 이라크 침략, 2011년 리비아 폭격 등이 대표적이다. 그러나 미국이 우크라이나까지 북대서양조약기구NATO(이하 NATO로 표기)를 확장시키겠다고 위협한 것(현재 진행 중인 전쟁의 근본적인 원인)은 완전히 새로운 양상을 보여준다. 미국은 우크라이나까지 NATO를 확장시키는 일이 다수의 핵무기를 비롯하여 강력한 군사력을 보유한 러시아의 국익에 대한 직접적인 공격이라는 점을 이미 인지하고 있었다. 미국은 러시아의 '레드라인'[1]을 침범하는 것이 감수할 만한 위험이라고 판단한 것이다.

미국은 파병을 하게 되면 세계대전과 핵전쟁을 촉발할 수도 있다며 우크라이나 전쟁에 주요 미군 부대를 투입하지 않았지만, 실제로는 러시아를 상대로 대리전을 벌이고 있다. 이는 우크라이나의 NATO 가입 제안뿐만 아니라 전쟁 전부터 미군이 우크라이나군을 훈련시키고 막대한 양의 무기와 위성 정보를 비롯한 다양한 정보를 우크라이나에 제공한 것으로부터 확실히 드러난다. 2022년 현재까지 미국이 우크라이나에 제공한 원조는 500억 달러 규모다.

미국은 어떻게 우크라이나를 전쟁으로 몰아넣었는가

미국과 그 동맹국들은 적어도 2014년부터 수백 명에 달하는 교관을 파견하여 우크라이나군을 훈련시키는 등 전쟁 준비를 해 왔다. 이는 1990년 이라크와 치뤘던 걸프전의 접근법과 유사하며, 미국 정부가 지정학적 목표를 달성하기 위

---

1 [옮긴이] 한 국가가 양보할 수 없는 최소한의 한계선을 말한다.

해 사용해 온 모델을 반영한 것이다. 미국과 현지 네오나치 세력의 지지를 등에 업고 우크라이나에 반러시아 세력이 집권한 2014년 쿠데타를 시작으로, 미국은 주도면밀하게 러시아를 우크라이나 문제로 끌어들였다. 소련 붕괴 이후 1991년 시작된 '개혁'으로 인해 당시 우크라이나군은 강한 군대가 아니었다. 수십 년간 지속된 태만과 예산 부족으로 인해 군사 인프라와 장비가 노후화되었으며 장병의 사기는 바닥난 상태였다. 러시아연방공산당K.P.R.F. 중앙위원회 위원 뱌체슬라프 테쵸킨이 말하듯 "우크라이나군은 전쟁을 원하지 않았고 수행할 수도 없는 상태였다."

2014년 쿠데타 이후 우크라이나는 국가의 예산 지출 방향을 복지로부터 군사력 강화로 바꾸었다. 2015년에서 2019년까지 우크라이나의 국방비는 17억 달러에서 89억 달러로 증가했으며 2019년에는 GDP의 6%를 차지하는 수준에 달했다. GDP 비율로 비교해 보면 우크라이나는 서방 선진국에 비하여 3배나 더 많은 금액을 군대에 투자한 것이다. 이들은 막대한 자금을 군사 장비 복원 및 현대화에 쏟아부어 우크라이나군의 전투력을 재확립하였다.

2014년에서 2015년까지 돈바스Donbass(러시아어 사용자가 다수인 우크라이나 동부 지역) 전쟁에서 우크라이나는 공중

지원을 사용하지 않았다. 전투기를 모두 수리해야 했기 때문이다. 그러나 2022년 2월 기준으로 우크라이나 공군은 총 150대의 전투기, 폭격기, 공격기를 보유하고 있다. 우크라이나군 병력 또한 급격히 확대되었다. 게다가 주목해야 할 점은 테쵸킨의 자료에 따르면 2021년 말 군인 보수가 3배 증가했다는 것이다. 이러한 군사력 증강과 돈바스 인근에 건설한 강력한 요새들은 역내 분쟁을 촉발하려는 미국의 의도를 보여준다.

그러나 이렇게 전쟁 준비를 했어도 우크라이나는 러시아를 이길 능력이 되지 않는다. 전력의 격차가 너무 크기 때문이다. 그러나 미국은 우크라이나를 그저 러시아에 들이밀 총알받이로 이용하려 했기에 아랑곳하지 않았다. 테쵸킨에 의하면 "미국은 새로이 군사화된 우크라이나를 이용할 두 가지 방책을 준비했다. 첫 번째 방책은 돈바스를 점령하고 크림반도 침공으로 진행하는 것이다. 두 번째 방책은 러시아의 군사개입을 도발하는 것이다."

2021년 12월, 러시아는 미국의 영향을 받는 우크라이나의 위협을 인지하였고, 위기를 완화하기 위해 NATO로부터 일련의 안보 보장을 받고자 하였다. 특히 러시아는 NATO가 우크라이나 편입을 비롯한 동진 확장을 중지할 것을 요구했다. 테쵸킨은 다음과 같이 썼다. "서방은 이러한 요구를 무시했다. 이는 돈바스 침공 준비가 완성되었기 때문이다. 15만 명 규모의 우크라이나군 최정예 부대들이 돈바스 인근에 집중되었다. 이는 돈바스 민병대의 저항을 2~3일 이내에 격파하고 도네츠크와 루한스크를 완전히 파괴하고 수천 명의 사상자를 낼 수 있는 규모였다."[2]

우크라이나 사태는 미국 군사 침략 행위의 질적 변화다

근본적인 정치적 사실(우크라이나가 NATO에 가입할 "권리"가 있다는 미국의 주장)과 군사적 사실(미국에 의한 우크라이나 군사력 증강)은 모두 미국이 러시아와의 직접적인 충돌을 감수하고 우크라이나에서 전쟁을 준비했다는 것을 보여준다. 미국이 개발도상국을 상대로 군사적 위협을 심화하는 것 또한 부당한 일이지만, 거기에 강대국 간 전쟁이나 세계

---

2 Vyacheslav Tetekin, "How the US Pushed Ukraine into the War," Communist Party of the Russian Federation, 2022년 4월 4일, https://cprf.ru/2022/04/how-the-us-pushed-ukraine-into-the-war/. 글에서 인용한 문장과 분석은 이 출처에서 발췌하였다.

대전으로 확장될 위험은 없다. 그러나 미국은 이제 공격의 범위를 러시아와 같은 강대국으로 확대했고, 전 세계적 분쟁이 일어날 위험이 실존하게 되었다. 우크라이나 위기를 분석할 때 이러한 변화를 확실히 인지해야 한다. 그렇기 때문에 중요한 일은 무엇이 미국의 침략 행위를 이렇게 더 심각하게 만드는지 분석하는 것이다. 현 상황은 어떤 것일까? 종료되면 미국이 다시 비교적 '평화적인' 경로로 돌아갈 수 있는 일시적인 상황일까 아니면 이러한 군사적 확장이 미국이 장기적으로 나아갈 정책 방향일까?

이는 물론 전 세계 모든 국가에 아주 중요한 문제다. 특히 또 다른 막강한 강대국인 중국에게는 더욱 중요하다. 이는 미국이 러시아에 대한 공격을 확대하는 것과 동시에 중국을 상대로 벌인 행동에서 찾아볼 수 있다. 미국은 중국 경제에 대해 관세를 부과하고 신장 위구르 자치구의 상황을 자신의 대외 정책 목표를 위해 이용하고자 국제적 선전전을 조직하였으며 대만[3]에 대한 하나의 중국 정책을 무너뜨리기 위해 노력했다.

---

3 [옮긴이] 저자는 하나의 중국 원칙에 기반하여 대만을 대만성(Taiwan Province)이라고 칭한다. 대만성이라는 표기는 UN을 비롯한 국제기구에서 사용하는 공식 명칭이기도 하다. 이 책에서는 이를 따르지 않고 대만이라고 표기하겠다.

대만에 대한 미국의 행동은 다음과 같다.

· 바이든 대통령, 미중 수교 이래 최초로 대만 대표를 미국 대통령 취임식에 초대.
· 2022년 8월 미국 정부 의전 서열 3위 낸시 펠로시 미국 하원 의장 대만 방문.
· 대만의 UN 가입 지지.
· 대만에 무기 및 군사장비 판매 확대.
· 미국 대표단의 대만 방문 증가.
· 남중국해 미군 배치 증가 및 미군 군함의 주기적 대만 해협 전개.
· 대만 지상군 및 해병에 미군 특수부대 훈련 제공.

우크라이나와 러시아의 경우와 마찬가지로 미국은 하나의 중국 정책이 중국의 근본적인 국익에 막대한 영향을 미친다는 것과 이 정책이 1972년 닉슨 대통령의 방중 이후 50년간 미중 외교관계의 기반이라는 것을 확실히 인지하고 있다. 하나의 중국 정책을 무시하는 것은 중국의 레드라인을 침범하는 것이다. 그러므로 우크라이나에서 러시아의 레드라인을 고의로 침범한 것과 마찬가지로 미국이 하나의 중국 정책을 무너뜨려 중국을 도발하려 한다는 것은 자명한 사실이다.

중국과 러시아에 대한 미국의 도발이 일시적인지 혹은 장기적이거나 영구적인지에 관해 필자는 미국이 군사 침략 행위를 계속해서 확대해 나갈 것이라고 확신한다. 그러나 이렇게 전쟁으로 이어질 수 있는 문제는 아주 엄중하며 실질적으로 막대한 영향을 끼칠 것이기에 과장이나 단순한 선전은 용납할 수 없다. 그렇기에 이 글의 목표는 향후 미국이 군사 침략 행위를 격상시키려는 이유를 최대한 사실에 기반하여 객관적이고 냉정하게 보여주는 것이다. 또한 이렇게 위험한 미국의 정책에 대항할 수 있는 요소와 이 정책을 악화하는 요소를 분석해 보겠다.

구냉전과 신냉전 시기 미국의 경제 및 군사 능력 비교

가장 기본적인 사실만 보면, 지난 20여 년간 미국이 군사적 침략 정책을 확장해 온 주요 원인이 분명해진다. 첫째, 미국 경제가 세계 총생산에서 차지하던 압도적인 비중을 영구히 상실한 것, 둘째, 미국의 압도적인 군사력과 국방비. 이러한 비대칭으로 인해 미국은 군사력을 사용하여 경제적 몰락을 무마하고자 하며 그로 인해 인류는 매우 위험한 시기에 접어들게 되었다. 이것이 미국이 여러 개발도상국을 공격해 온 이유이며 우크라이나에서 러시아와의 충돌을 격상시킨 이유다. 문제는 미국이 중국과의 대결 혹은 극단적인 경우 세계대전을 촉발할 정도까지의 군사 침략 행위를 확대할 것인가 하는 점이다. 이에 대한 답을 찾기 위해서는 미국의 경제적, 군사적 상황을 정확히 분석해야 한다.

먼저 경제 분석을 해 보면, 1950년 냉전이 처음 시작되었을 당시 미국은 세계 GDP의 27.3%를 차지했다. 반면 당시 최대의 사회주의 경제체제였던 소련은 세계 GDP의 9.6%를 차지했다. 즉, 미국의 경제 규모는 소련의 거의 3배였다.[4] 2차 세계대전 이후 (구냉전 시기) 소련은 절대 미국 경제 규모에 근접하지 못했고 1975년이 되어도 미국 GDP의 44.4% 수준에 불과했다. 달리 말하자면 소련 경제가 최고로 개발되었을 때도 미국 경제가 소련보다 2배 이상의 규모였다는 것이다. 통상적인 경제지표로 봤을 때 '구냉전' 내내 미국은 소련에 비

---

4 Angus Maddison, *The World Economy: A Global Perspective* (Paris: Organisation for Economic Cooperation and Development, 2001)을 참조하라. 다른 자료에 의하면 미국 경제가 1950년 세계 GDP의 40%를 넘을 정도로 더 높은 점유율로 산출되는 경우도 있다.

해 압도적인 경제적 우위를 점하고 있었다.

현재 상황을 보면, 통계에 따라 다를 수는 있지만 1950년에 비해 미국의 세계 GDP 점유율은 15~25% 수준으로 감소하였다. 오늘날 미국의 주된 경쟁자인 중국은 소련보다 훨씬 미국에 근접했다. 외환시장의 변동으로 실제 생산과 관련이 적은 지표인 시장환율로 계산하더라도 중국의 GDP는 이미 미국의 74%로 소련보다 훨씬 높은 수준이다. 이에 더불어 중국의 경제성장률은 미국보다 훨씬 높은 수준을 유지하고 있으며 미중 경제 격차는 앞으로 더 좁아질 것이다.

앵거스 매디슨과 국제통화기금IMF이 사용한 지표인 구매력평가지수PPP(각국 물가 차이를 반영)로 계산하면, 2021년 미국은 세계 경제의 16%만을 차지했다. 즉, 세계 경제의 84%가 미국의 손아귀에서 벗어나 있다는 것이다. 같은 지표로 보면 중국 경제는 이미 미국보다 18% 더 크다. IMF의 PPP 전망에 따르면 2026년 중국 경제는 미국보다 35% 더 큰 수준에 도달할 것이다. 중국과 미국 간의 경제적 격차는 소련과는 비교할 수 없을 정도로 작다.

그 어떤 지표로 보더라도 중국은 세계 최대의 제조업 강국이다. 가장 최근 정보인 2019년 자료에 따르면 중국이 세계 제조업 생산의 28.7%를 차지한 데 반해 미국은 그저 16.8%

를 차지했을 뿐이다. 즉, 이는 중국의 세계 제조업 생산 점유율이 미국보다 70% 더 높다는 의미다. 소련은 미국의 제조업 생산 규모에 근접한 적도 없다.

상품 교역으로 넘어가 보면, 도널드 트럼프가 시작한 무역 전쟁에서 미국이 중국에 패배한 것은 트럼프와 미국에게는 수치라고 볼 수 있다. 2018년 중국은 이미 세계 최대의 상품 교역국이었으나 교역량은 미국보다 10% 높을 뿐이었다. 2021년이 되자 중국의 상품 교역 규모는 미국보다 31% 높은 수준이 되었다. 수출만 놓고 보면 미국에 더욱 불리한 상황이다. 2018년 중국의 수출은 미국보다 58% 더 높았고, 2021년에는 미국보다 91% 더 높은 수준에 도달하였다. 요약하자면 중국이 세계 최대의 상품 교역국이 되었을 뿐만 아니라 미국은 트럼프와 바이든 행정부가 시작한 무역 전쟁에서 확실히 참패했다.

거시경제적인 측면에서 더욱 근본적인 것은 중국이 경제성장과 실제 자본 투자의 원동력인 가계, 기업, 국가 단위 저축에서 우위를 점하고 있다는 것이다. 가장 최근 정보인 2019년 자료에 따르면, 중국의 저축 자본 총액은 6.3조 달러 규모였으며 이는 미국의 4.03조 달러에 비하여 56% 더 높은 수준이다. 그러나 이는 중국의 우위를 크게 과소평가한 통계다. 통화 평가절하를 포함해 계산할 경우, 중국의 연간 총 자본 창출은 3.9조 달러 규모로 미국의 0.6조 달러에 비해 635%에 달한다. 요약하자면 중국은 매년 막대한 양의 자본금을 늘려 나가고 있으며 이와 비교하여 미국은 상대적으로 매우 적은 수준에 머물고 있다.

이러한 다양한 추세를 종합한 결과는 중국의 경제성장이 잘 알려진 대로 1978년부터 40년 동안의 기간뿐만 아니라 최근까지도 미국을 압도하고 있다는 것이다. 인플레이션을 감안하고 보면 세계 금융 위기 직전 시점이었던 2007년부터 미국 경제가 24% 성장한 데 반해 중국 경제는 177% 성장하여 7배 이상의 속도를 보였다. 비교적 평화적인 경쟁에서는 중국이 앞서고 있다.[5]

물론 전반적인 생산성, 기술력, 기업 규모 면에서 미국이 앞서기 때문에 아직은 미국 경제가 중국보다 우세하지만, 미

---

5 미국과 중국의 경제 성과에 대한 비교 자료는 2022년 4월 〈세계 경제 전망〉과 함께 발간된 IMF 자료에서 발췌하였다. https://www.imf.org/en/Publications/WEO/weo-database/2022/April; U.S. Bureau of Economic Analysis, International Data, https://apps.bea.gov/iTable/iTable.cfm?ReqID=62&step=1#reqid=62&step=9&isuri=1&6210=4; *Trading Economics*, https://tradingeconomics.com/; World Bank, *World Development Indicators*, https://databank.worldbank.org/reports.aspx?source=world-development-indicators.

중 경제 격차는 소련의 경우에 비하자면 훨씬 작다. 이와 더불어 양 강대국의 경제력에 대한 평가와 무관하게 미국이 세계 경제의 주도권을 상실했다는 사실은 분명하다. 순수하게 경제적인 면만 보면 우리는 이미 세계적인 다극화의 시대에 접어들었다.

경제적 쇠락 속의 미군

이러한 경제적 실패로 인해 서방의 몇몇 정파를 중심으로 한 일부 사람들은 미국의 패배가 필연적이거나 이미 일어났다고 믿기 시작했다. 이와 유사하게 중국에서도 소수의 사람이 중국의 종합적 국력이 이미 미국을 추월했다고 믿고 있다. 이러한 견해는 옳지 않다. 이는 "정치를 경제보다 우선시하는 것이 마르크스주의의 ABC다"라고 한 레닌과 "정치권력은 총구에서 나온다"라는 마오쩌둥의 명언을 잊은 것이다. 미국은 자신의 경제적 우세를 잃고 있지만 그렇다고 그들이 우세를 상실하는 경제적 프로세스가 평화롭게 진행되도록 허용할 리 없다. 미국이 순응하리라 믿는 것은 경제를 정치보다 우선시하는 판단이다. 오히려 반대로 미국은 중국을 비롯한 다른 국가에게 경제적인 패배를 겪고 있는 사실을 군사력과 군사 정치적 수단을 사용하여 무마하려고 한다.

정확하게 말하자면 미국이 아직 군사적 우위를 잃지 않았다는 것이 전 세계적 위험이다. 미국의 국방비는 세계 2위에서 10위 국가들의 국방비를 전부 합친 것보다 크다. 오직 핵무기 분야에서만 러시아가 미국의 전력과 대등한 수준인데 이는 러시아가 소련의 핵무기를 물려받았기 때문이다. 각국이 보유한 핵무기의 숫자는 국가기밀이지만, 미국 과학자 연맹의 신빙성 있는 추측에 의하면 2022년 현재 러시아는 5977기, 미국은 5428기의 핵무기를 보유하고 있다. 미국과 러시아 양국은 각각 전략 핵탄두 1600기를 실전에 배치한 상태이며 미국은 중국보다 훨씬 많은 수의 핵무기를 보유하고 있다.[6] 이에 반해 재래식 전력에서는 미국이 그 어떤 나라도 압도하고 있다.

미국의 경제적, 군사적 위상의 차이는 공격적인 정책의 원인이며 소련에 대한 '구냉전' 시기에 비하여 '신냉전'에서 달라진 미국의 위치를 보여준다. 구냉전 시기, 미국과 소련의 군사력은 비등했으나 이미 언급한 바와 같이 미국의 경

---

6 Federation of American Scientists, "Status of World Nuclear Forces," 2022, https://fas.org/issues/nuclear-weapons/status-world-nuclear-forces/.

제가 훨씬 강력했다. 그렇기 때문에 구냉전 시기 미국의 전략은 문제를 경제적인 전장으로 이동시키는 것이었다. 1980년대 레이건이 벌인 군사력 증강도 소련에 대한 전쟁을 목표로 한 것이 아니라 군비 경쟁을 통해 소련 경제에 피해를 입히기 위한 것이었다. 이러한 이유로 긴장이 고조되더라도 냉전은 직접적인 충돌로 이어지지 않았다. 미국의 현재 상황은 정반대다. 상대적인 경제력은 심하게 약화되었지만 군사력은 아직 막강하다. 그렇기 때문에 미국은 문제를 군사적인 전장으로 이동시키려 한다. 이것이 군사적 침략 행위의 확장이 지속되는 이유다.

이는 인류가 매우 위험한 시기에 접어들었다는 것을 의미한다. 미국은 평화적인 경제 경쟁에서 지고 있지만 아직 중국에 비해 군사적 우위를 점하고 있다. 즉, 미국은 중국의 성장을 막기 위해 '직간접적인' 군사적 수단을 사용하라는 유혹을 받게 된다.

미국 군사력의 직간접적 사용

미국은 군사력을 과시하기 위해 '직간접적' 수단을 모두 사용하며 이는 '직접적' 수단 중 가장 극단적인 가능성인 중국과의 전면전보다 훨씬 다양한 범위를 포함한다. 미국은 이렇게 다양한 수단 중 일부를 이미 사용하고 있으며 나머지는 고려 중에 있다. 직접적 수단은 다음을 포함한다.

· 독일과 유럽연합EU 등 다른 국가들을 미군에 종속시키고 종속된 국가에게 중국을 견제하는 경제 정책을 강요하는 것.

· 자신들이 독자적으로 주도하는 동맹을 만들어 이미 진행 중인 세계 경제의 다자주의화를 막으려 하는 것. 이는 NATO, 쿼드Quad(미국, 일본, 호주, 인도)를 비롯한 국가에서 볼 수 있다.

· 중국과 우호적인 경제 관계를 가진 국가들에게 관계 악화를 강요하는 것. 이는 호주의 경우 확실히 증명되었으며 현재 미국은 다른 국가를 대상으로도 이를 시도하고 있다.

이와 더불어 현재 미국이 고려하고 있는 전략은 중국과 러시아의 우방을 상대로 전쟁을 벌여서 대만에서 중국을 미국과의 '제한전Limited War'으로 끌어들이는 것이다.

우크라이나 전쟁 발발 이후 〈파이낸셜타임스〉의 미국 정치 평론가 야난 가네시Janan Ganesh는 미국이 직간접적 군사 압력을 통합하여 사용하는 것에 대해 "우크라이나 위기의 최종 '승자'는 미국일 것"이라고 평했다. 가네시에 의하면 러시아가 우크라이나에 개입하기 시작한 지 3일 만에 독일은 액화천연가스LNG 터미널 2개소를 최초로 건설하였다. 2026년 즈음이면 미국은 지리적, 정치적 위치를 통해 독일의 최대 LNG 공급자가 되어 독일이 러시아산 에너지에 의존하던 상황을 타파할 것이다. 가네시는 또한 독일이 국방비 증가를 약속한 것 또한 현재 미국의 맡고 있는 "NATO의 재정 및 군수 부담을 공유하는 것"으로, 미국에 이득이 될 것이라고 주장한다. 여기에 더해 가네시는 미국이 가지게 된 또 하나의 막대한 이점에 대해 다음과 같이 설명한다.

유럽은 미국에 더욱 종속되었지만 미국의 자원을 덜 소모하게 되었다. 아무리 키신저라 하더라도 만들어 낼 수 없었던 상황을 러시아 정부가 의도치 않게 만들어 버렸다. 미국의 아시아로의 회귀를 저지하기는커녕 오히려 우크라이나 전쟁으로 인해 회귀가 가능해졌다.
만약 중국의 목표가 최소 환태평양 지역에서 미국의 영향력을 몰아내는 것이라면 지난 6주간의 전쟁은 중국에게 이 문제가 얼마나 크고 복잡한지 보여주었다. 일본은 최선을 다해 우

크라이나, 즉 미국을 지원하고 있다.[7]

요약하자면 미국은 군사적 압력을 통해서 독일과 일본의 경제적 예속을 심화시켰다. 다양한 가능성을 상상해 볼 수 있겠지만 공통점은 미국이 군사력을 사용해서 약화된 경제적 지위를 벌충하려 한다는 것이다. 이러한 맥락에서 미국이 이미 군사력의 직간접적인 사용을 정책 기조로 삼기 시작했다는 것이 확실하다.

중국의 경제성장이 미국보다 빠르기 때문에 군사력 또한 언젠가 미국과 동등한 수준에 도달할 가능성이 다분하다. 그러나 만일 중국이 미국과 핵무장 경쟁을 시작하기로 결심한다 하더라도 미국과 비등한 수준의 전력을 갖추는 데는 수년이 걸릴 것이다. 첨단 공군력과 해군력은 막대한 기술 개발과 교육 및 훈련을 요구하기 때문에 중국이 미국과 비등한 수준의 재래식 전력을 갖추는 데는 훨씬 더 긴 시간이 필요할 것이다. 그렇기 때문에 매우 오랜 시간 동안 미국은 중국보다 강한 군사력을 보유할 것이며, 군사행동으로 경제적 몰락을 막으려는 유혹 역시 영구히 유지될 것이다.

---

7 Janan Ganesh, "The US will be the ultimate winner of Ukraine's crisis," *Financial Times*, 2022년 4월 5일, https://www.ft.com/content/cd7270a6-f72b-4b40-8195-1a796f748c23.

우크라이나 전쟁의 중요성

우크라이나 전쟁 발발 전후의 여러 사건으로부터 두 가지 교훈을 얻을 수 있다.

첫째, 미국에게서 일말의 연민조차 기대하는 것은 무의미하다는 점이다. 1991년 소련 붕괴 이후 러시아는 17년간 미국과 우호적인 관계를 수립하고자 노력했다. 보리스 옐친 정권 아래 러시아는 수치스러울 정도로 미국에 굴복했다. 푸틴 정권 초기, 러시아는 미국이 벌인 소위 테러와의 전쟁과 아프가니스탄 침략을 직접적으로 지원했다. 이에 미국은 NATO를 "한 뼘도" 러시아 방향으로 확장시키지 않겠다는 약속을 모두 위반하고 러시아에 대한 군사적 압력을 공격적으로 증강하는 것으로 보답했다.

둘째, 이러한 역학으로 인해 우크라이나 전쟁의 결과가 러시아뿐만 아니라 중국 그리고 전 세계에 매우 중요한 문제라는 것이 확실해졌다. 러시아는 미국과 대등한 핵전력을 갖춘 유일한 국가이며 우호적인 중러 관계는 미국이 직접 중국을 공격하는 것에 대한 강력한 억지력이다. 우크라이나에서 미국의 목표는 근본적인 정권 교체를 통해 러시아가 자국의 국익을 방어하지 않고 미국에 종속되어 중국을 적대시하게 하는 것이다. 이 목표가 달성된다면 중국에게는 미국의 군사적 위협이 크게 격상될 뿐만 아니라 기나긴 북방 국경 또한 전략적 위협이 되어 북쪽으로도 포위되는 형국이 될 것이다. 달리 말하자면 러시아와 중국 모두의 국익이 붕괴할 것이다. 유라시아경제공동체Eurasian Economic Union 러시아 집행위원 세르게이 글라지예프는 "무역 전쟁으로 중국을 직접적으로 약화시키는 데 실패한 이후, 미국은 지정학적, 경제적 취약점을 러시아로 판단하고 주공격 목표를 러시아로 전환하였다. 앵글로색슨은 영원토록 이어 온 러시아 혐오를 실천에 옮겨 우리 나라를 파괴하고, 동시에 중국을 약화하려 한다. 왜냐하면 러시아와 중국의 전략 동맹은 미국에게는 너무나도 강력한 상대이기 때문이다"라고 말했다.[8]

미국의 군사행동과 제한점

미국은 경제적 몰락과 강대한 군사력으로 인해 계속해

---

8 "Events like This Happen Once a Century": Sergey Glazyev on the breakdown of epochs and changing ways of life, *The Saker*, 2022년 3월 28일, https://thesaker.is/events-like-this-happen-once-a-century-sergey-glazyev-on-the-breakdown-of-epochs-and-changing-ways-of-life/

서 더 많은 침략 행위를 벌이고 있지만 이에 대한 '내부적' 브레이크는 없다. 역사를 보면, 미국이 한 국가를 완전히 파괴할 정도로 극단적인 침략 행위를 저지를 준비가 되어 있다는 것을 확실히 알 수 있다. 대표적 사례로 한국전쟁을 들 수 있다. 미국은 북한의 거의 모든 도시와 마을을 파괴하고 건물의 약 85%를 파괴했다.

베트남 전쟁 중 미국은 폭탄과 더불어 기형아를 야기하는 것으로 악명 높은 고엽제와 같은 화학무기를 사용하여 훨씬 더 큰 규모로 인도차이나반도를 폭격했다. 1964년부터 1973년 8월 15일까지 미 공군은 인도차이나반도에 6백만 톤이 넘는 폭탄을 쏟아부었으며 미 해군과 해병대 또한 동남아시아에서 150만 톤에 달하는 폭탄을 더 사용하였다.《공군력의 한계*The Limits of Air Power*》에서 마이클 클로드펠터는 다음과 같이 썼다.

2차 세계대전과 한국전쟁을 훨씬 뛰어넘는 양이었다. 미 공군은 2차 세계대전과 한국전쟁을 통틀어 215만 톤의 탄약을 사용했다. 유럽 전역에서 161만 3천 톤, 태평양 전역에서 53만 7천 톤, 한국전쟁에서 45만 4천 톤이 사용되었다.[9]

9 Micheal Clodfelter quoted in Edward Miguel and Gerard Roland, "The Long-run Impact of Bombing Vietnam," *Journal of Development Economics* 96 (1), 2011: 1-15. https://eml.berkeley.edu/~groland/pubs/vietnam-bombs_19oct05.pdf.

에드워드 미겔Edward Miguel과 제럴드 롤런드Gerard Roland는 베트남 폭격의 장기적인 영향에 대한 연구에서 다음과 같이 덧붙였다.

즉, 베트남 전쟁에서의 폭격은 중량으로 보았을 때 유럽과 태평양에 걸친 2차 세계대전 당시 폭격량의 최소 3배 규모이며 한국전쟁의 15배 규모이다. 전쟁 전 베트남 인구가 3200만 명이었으니 미국의 폭격은 1인당 수백 킬로그램의 폭약을 사용한 것이나 마찬가지다. 비교해 보자면 히로시마와 나가사키 원폭은 각각 TNT 폭약 1만 5천 톤, 2만 톤 정도의 위력이었다. 미국의 인도차이나반도 폭격은 히로시마와 나가사키 원폭을 합친 것보다 100배 더 큰 규모였다.[10]

이라크 침략 당시 미국은 이라크를 완전히 파괴할 준비를 했고, 지금까지도 끔찍한 기형아를 유발하는 열화우라늄탄과 같은 흉악한 무기를 사용해서 실제로 이라크를 파괴했다. 2011년 리비아 폭격으로 미국은 아프리카에서 1인당 소

---

10 Edward Miguel and Gerard Roland, "The Long-run Impact of Bombing Vietnam," *Journal of Development Economics* 96 (1), 2011: 1–15. https://eml.berkeley.edu/~groland/pubs/vietnam-bombs_19oct05.pdf.

득이 가장 높았던 복지국가를 부족 분쟁과 공공연한 노예무역이 만연한 사회로 전락시켰다. 이러한 사례는 끝이 없다.

즉, 미국이 그 어떤 종류의 범죄나 잔혹 행위를 저지를 준비가 되었다는 것은 증명된 사실이다. 핵전쟁을 시작해서 중국의 경제적 도전을 제거할 수 있다고 판단했을 시 미국이 그렇게 선택하지 않을 것이라는 증거는 없다. 이와 더불어, 물론 미국 내에 반전운동이 존재하기는 하나 미국이 핵무기를 사용하기로 결심한다면 이를 저지할 정도로 강하지 않다는 점도 존재한다. 미국이 중국을 상대로 전쟁을 벌이려 한다면 내부적 제한은 없는 것이다.

미국의 침략 행위에 근본적으로 내부적 제한이 없더라도 막대한 외부적 제한은 확실히 존재한다. 첫째, 타국의 핵무장이다. 이는 1964년 중국에서 최초로 핵실험에 성공한 것이 위대한 국가적 업적으로 여겨지는 이유이기도 하다. 중국이 보유한 핵무기는 미국의 핵공격에 대한 확고한 억지력이다. 그러나 미국과 반대로 중국은 핵무기 선제 사용 금지 정책을 갖고 있으며 이는 중국의 방어적 군사태세를 보여준다.

미국, 중국, 러시아 간의 전면 핵전쟁은 인류 역사상 전례가 없는 군사적 재앙이 될 것이다. 최소 수억 명이 목숨을 잃을 것이다. 이러한 극단적인 수준에 이르기 전에 미국의 침략 행위 확대를 저지해야 하는 것이 자명하지만, 과연 승산이 있을까?

2차 세계대전 이후 미국의 정책은 명확하고 논리적인 패턴을 보인다. 미국은 우세를 점하고 있다고 느끼면 공세적인 정책을 펼치고 약하다고 판단하면 더 유화적인 정책을 쓴다. 이는 베트남 전쟁과 그 전후에 가장 확실히 드러났으나 다른 시기에도 찾아볼 수 있다.

2차 세계대전 직후 미국은 우위를 점했다고 판단했고, 실제로도 그랬기에 한반도에서 전쟁을 벌일 준비가 되어 있었다. 한국전쟁에서 승리하지는 못했지만, 1950년대와 1960년대에 미국은 UN에서 중국을 배제하고 직접적인 수교를 막는 등 중국을 외교적으로 고립시킬 수 있다고 자신했다. 그러나 미국은 중국과 소련의 대규모 군사원조를 받는 베트남 민중의 민족해방 투쟁으로 심각한 패배를 겪었다. 베트남 전쟁은 1975년 공식 종전 이전부터 미국의 세계적 위상을 약화시켰고, 이로 인해 미국은 1972년 닉슨 대통령의 방중과 중미 수교와 같은 유화 정책을 펼치기 시작했다. 1972년 이후 미국은 소련과도 데탕트 정책을 추진했다. 그러나 1980년대에는 베트남 전쟁의 패배로부터 충분히 회복했고, 레이건 대통령 아래 다시 소련에 대한 공격적인 정책으로 회귀했다.

미국이 보여주는 강할 때 공격하고 약할 때 타협하는 양상은 2007~2008년 시작된 세계 금융 위기에서도 찾아볼 수 있다. 자국 경제가 금융 위기로 심각한 타격을 입었기에 미국은 국제 협력을 강조하기 시작했다. 세계 최대 경제 규모와 세계 인구의 3분의 2를 아우르는 국가들의 협의체인 G20은 1999년 수립되었지만 2007년 금융 위기 이후에나 연례회의를 열기 시작했다. 2009년 G20은 미국 중심의 국제 경제 금융 협력을 주도할 세력이 될 것을 천명하였다. 미국은 스스로 세력이 약해졌다고 판단했기에 이러한 부문에서 중국과 협력하는 태도를 보였다.

미국은 세계 금융 위기의 여파로부터 회복하자 중국에 대해 갈수록 공격적인 태세를 취했으며 이는 트럼프의 무역 전쟁으로 이어졌다. 달리 말하면, 미국은 힘을 되찾았다고 판단한 즉시 공세로 전환했다.

오늘날의 현실과 2차 세계대전 직전 시기 비교

역사를 돌이켜보면 현재 상황과 2차 세계대전 직전 시기를 비교해 볼 수 있다. 2차 세계대전의 발발 과정은 일본에서 군국주의가 강화됨에 따라 벌어진 1931년 중국 동북부 침략과 1933년 히틀러의 독일 집권으로 시작되었다. 그러나 이렇게 불길한 사건들에도 불구하고 전쟁을 피할 가능성은 존재했다. 일본 군국주의와 독일 파시즘의 첫 승리가 세계대전으로 이어진 것은 1931년부터 1939년까지 연합군이 연이어 패배하고 항복하며 제대로 된 대응에 실패했기 때문이다.

당시 중국의 집권당이었던 국민당은 1930년대 대부분에 걸쳐 일본의 침략을 격퇴하는 것보다 공산당과 싸우는 데 집중했다. 동시에 미국은 1941년 진주만 공격을 받기 전까지 일본을 저지하기 위한 개입을 하지 않았다. 유럽에서 영국과 프랑스는 베르사유 조약에 명시된 권리로 나치 독일의 재무장을 막을 수 있었으나 실제로는 그렇게 하지 않았다. 여기에 더해 양국은 1936년 스페인에서 프란시스코 프랑코Francisco Franco가 히틀러의 지원을 등에 업고 일으킨 파시스트 쿠데타와 내전에 맞서서 스페인 정부를 지원하지 않았다. 이후 이들은 1938년 히틀러가 악명 높은 뮌헨 조약Munich Pact을 통해 체코슬로바키아를 조각내는 데 승복했다.

2차 세계대전 발발로 이어진 과정의 시작점인 1931년과 유사한 양상을 오늘날에도 볼 수 있다. 미국인 대다수는 미국이 세계대전을 일으키는 것을 지지하지 않지만, 미국의 외교 및 군사 기득권 내 일부 극단주의 세력은 확실히 세계대전을 원한다. 미국은 정치적 실패를 겪는다 하더라도 곧바로 중국이나 러시아에 대한 전면전을 시작하지는 않을 것이다. 그러나 미국이 제한적 분쟁에서 승리한다면 이에 고무되어 세계적 분쟁을 일으킬 중단기적 위협이 여전히 남아 있다. 1931년 일본의 중국 침공이나 1933년 히틀러 집권 과정에서 그랬던 것처럼 말이다. 그런 세계대전을 미연에 방지하는 결정적인 투쟁이 필요하다. 즉, 우크라이나 전쟁, 대만과 관련한 하나의 중국 정책에 대한 공격, 그리고 다른 다양한 국가에 대한 경제적 전쟁 행위 등, 현재 진행 중인 국지적 분쟁에서 미국이 승리하지 않는 것이 필수적이다.

미국의 군사 침략 행위에 대항하는 주요 세력

미국의 침략 행위에 맞서는 두 개의 강대한 세력이 존재한다. 첫째로 가장 강력한 세력은 중국이다. 중국의 경제성장은 자국민의 생활수준 향상뿐만 아니라 미국과 대등한 군사력을 갖추는 데도 필수적 요소다. 이는 미국의 침략 행위에 대한 결정적인 억지력이 될 가능성이 높다. 두 번째 강력한 세력은 바로 도덕적인 이유가 아니라 직접적인 국익을 위해 미국에 침략 행위에 반대하는 (세계 인구 대부분이 거주하는 남반구 국가를 포함한) 전 세계의 여러 국가들이다. 미국이 경제적 실패를 군사적, 정치적 수단으로 무마하려 한다면, 이는 필연적으로 수많은 다른 국가의 국익에 반하는 행동이 될 것이다.

미국의 행동이 타국에 미치는 영향을 보여주는 한 예로 미국이 밀과 비료의 세계 최대 수출국인 러시아와 우크라이나 간의 전쟁을 도발한 탓에 세계 식량 가격이 급등한 것을 들 수 있다. 이와 동시에 5G 통신망 개발에서 중국 이동통신사 화웨이를 배제하는 것은 미국의 제재에 동의하는 모든 국가의 국민이 이동통신망을 위해 더 큰 비용을 내야 한다는 것을 의미한다. 미국이 독일에 러시아 천연가스 대신 미국산 LNG를 구매하도록 압박하는 것은 독일의 에너지 가격을 올린다. 라틴아메리카에서 미국은 역내 국가가 독립적인 정책을 추진하지 못하도록 저지하고 있다. 미국이 중국 상품에 매긴 관세는 미국 가정의 생활비 지출을 늘리게 된다. 실질적으로 미국의 침략 행위에 대한 대가는 타국 국민이 치르게 되며, 이는 미국이 펼치는 정책에 대한 저항으로 이어질 수밖에 없다.

중국이 발전하고 있다는 것과 미국의 정책이 세계 인구의 절대 다수에 해악을 끼친다는 두 가지 상호 보완적인 사실은 미국의 침략 행위를 가로막는 가장 큰 장애물이다. 그러므로 중국이 발전하고 국제적으로 미국의 공격에 저항하는 세력을 결합하는 것이 세계 인구 대부분에게 최우선 목표가 될 수도 있을 것이다. 외국인이라면 중국의 지도부가 얼마나 복잡한 문제와 씨름하고 있는지 완전히 이해할 수는 없을 것 같다. 그러나 적어도 그들이 세계를 더 평화롭고 지속 가능하게 만드는 것뿐만 아니라 중국 혁명이 보여준 희망을 실현하고 노동자와 농민이 치른 위대한 희생을 헛되게 하지 않는다는 무거운 책임을 지고 있다는 것은 확실해 보인다. 중국이 현재 세계에서 누리는 위상은 그러한 희생으로 만들어졌기 때문이다.[11]

미국 앞에 놓인 선택

미국의 경제적 패권 상실과 동시에 군사적 침략 행위의

---

11 [옮긴이] 저자는 중국 지도부에 대해 낙관적인 입장이지만 물론 이에 비판적인 시각 또한 많이 존재한다.

수위를 격상시키는 정책은 이미 시작되었다. 미국은 우크라이나에서 직접적, 강압적으로 강력한 핵보유국인 러시아를 도발하는 것으로 핵전쟁의 위험을 가중시키고 있다. 이와 동시에 독일과 같은 우방국에게 자국의 국익을 희생해서 미국의 대외 정책에 종속될 것을 강요하고 있다.

그러나 아직 미국은 침략 행위를 확장하는 데에서는 이해득실을 따지며 군사력의 전부를 사용하기를 망설이고 있다. 미국은 NATO 편입의 위협을 통해 우크라이나에서 전쟁을 도발하고 강력한 무기와 정보를 제공하기는 했으나 아직 감히 미군을 직접 투입하지는 못하고 있다. 이는 미국 국가 체제 최고위급에서 아직 상당한 불확실성을 느끼고 있다는 것을 보여준다.

이로 인해 중러 관계에도 직접적인 영향이 있었을 뿐만 아니라 우크라이나 전쟁의 결과가 전 세계에 극도로 중요한 문제가 되었다. 우호적인 중러 관계가 미국의 전쟁 책동에 강력한 경제적, 군사적 장애물이기 때문에 미국은 중국과 러시아를 분리하는 것을 핵심 전략 목표로 삼는다. 이를 달성한다면 미국에게 군사력을 사용해서도 양국을 각개 격파할 여력이 생겨날 것이다.

결론

미국은 중국을 비롯한 많은 국가에 대해 경제적 부문뿐 아니라 군사력을 직간접적으로 사용해서 공격 행위를 강화할 것이며 실패를 겪을 때에만 주춤할 것이다. 물론 미국으로부터 유화 정책을 유도할 기회를 이용해야겠지만, 그렇게 미국이 패배하여 정책을 유화적으로 선회하는 것 역시 새로운 침략 정책을 펼치기 전에 전력을 규합하는 일일 뿐이라는 점을 확실히 인지해야 한다.

미국의 침략을 격퇴하는 일은 경제, 군사를 비롯한 모든 부문에서 중국이 전반적으로 성장하는 데 달려 있다. 이렇게 된다면 미국의 공격을 받는 다른 국가들에도 이득이 될 것이다. 미국의 침략을 억제하는 데 중국의 성장 다음으로 중요한 일은 미국의 정책으로 피해를 보는 세계 인구와 국가 대부분의 저항이다. 미국이 감행하는 직간접적인 군사적 침략 행위의 수위는 각 분쟁에서 미국이 얼마나 피해를 보느냐에 달려 있다. 미국은 성공하면 성공할수록 더욱더 공격적으로 될 것이며 약해지면 약해질수록 유화적으로 변할 것이다.

단기적으로 우크라이나 전쟁의 결과는 폭넓은 지정학적 현실에 중대한 영향을 미칠 것이다. 미국의 공격적 대외 정책이 정확히 어떠한 양상을 띨지는 아직 알 수 없으나 심각한 패배를 겪지 않는다면 미국의 경제적 약화와 강대한 군사력이 침략 행위의 확대로 이어질 것이 확실해 보인다.

미국을 전쟁으로 이끄는 것은 과연 누구인가?

데보라 베네치알레

전쟁을 향한 미국의 탐욕스러운 의도가 커져 가고 있음이 전 세계에서 감지되고 있다.[1] 우크라이나 위기가 심화하는 가운데, 미국과 NATO는 중국에 대한 포위와 도발을 강화하면서 러시아와의 대리전을 확대하고자 했다. 미국이 중국을 상대로 벌인 전쟁을 모의 실험한 2022년 5월 15일 자 NBC 프로그램 〈미트 더 프레스Meet the Press〉에서 이 전쟁의 의도를 엿볼 수 있다.[2] 여기서 주목해야 할 점은 이 '전쟁 연습'을 준비한 워싱턴 DC의 유명한 싱크탱크 신미국안보센터Center for a New American Security, CNAS가 타이베이 경제·문화대표부Taipei Economic and Cultural Representative Office, 조지 소로스 열린사회재단George Soros' Open Society을 포함하는 미국과 동맹국 정부와 방산기업(레이시

---

1 이 글은 원래 중국 독자를 위해 쓰여졌으며 중국 뉴스 웹사이트인 〈관차(*Guancha*)〉에 편집을 거쳐 게시되었다.

2 "War Game: What Would a Battle for Taiwan Look Like?," *NBC News*, 2022년 5월 15일, https://www.nbcnews.com/meet-the-press/video/war-game-what-would-a-battle-for-taiwan-look-like-140042309777.

온Raytheon, 록히드마틴Lockheed Martin, 노스롭그루먼Northrop Grumman, 제너럴다이내믹스General Dynamics, 보잉)과 기술기업(페이스북, 구글, 마이크로소프트)으로부터 자금을 지원받았다는 것이다.[3]

　　이러한 모의 연습은 미국 의회와 국방부가 보내는 전쟁 경고 신호와 일치한다. 4월 5일, 미군 전략사령부 찰스 리처드Charles Richard 사령관은 의회에서 중국이 자국의 이익을 위해 핵강제nuclear coercion를 사용할 것이라고 주장하면서 러시아와 중국이 미국에 가하는 핵위협을 피력했다.[4] 며칠이 지난 4월 14일, 미국의 양당 의원으로 구성된 대표단이 대만을 방문했다. 5월 5일, 한국이 NATO의 사이버방위센터에 가입할 것을 밝혔다. 6월에 열린 NATO 연례 정상회담에서 NATO는 러시아를 '가장 중요하고 직접적인 위협'으로 규정하고 중국을 'NATO 가입국의 이익에 대한 도전'으로 지목했다. 게다가 한국과 일본, 호주, 뉴질랜드는 처음으로 정상회담에 참가해 NATO의 아시아 지부가 생길 것을 암시했다. 결국 8월 2일

3 Center for a New American Security, "CNAS Supporters," 2022년 8월 9일 기준, https://www.cnas.org/support-cnas/cnas-supporters.

4 Roxana Tiron, "U.S. Sees Rising Risk in 'Breathtaking' China Nuclear Expansion," *Bloomberg*, 2022년 4월 4일, https://www.bloomberg.com/news/articles/2022-04-04/u-s-sees-rising-risk-in-breathtaking-china-nuclear-expansion.

미국 바이든 정부 서열 3위인 낸시 펠로시 하원 의장이 미 공군의 호위를 받으며 대만을 방문했고 중국은 이에 노골적으로 도발했다.[5]

바이든 정부의 공격적인 외교 정책을 보면 이런 의문이 들 수밖에 없다. 미국의 지배 엘리트 계층 중 누가 전쟁을 지지하는가? 미국에 이러한 호전성을 억제할 메커니즘이 존재하는가?

이 글의 요지는 다음 세 가지다. 첫째, 바이든 정부에서는 서로 경쟁하던 두 외교 정책 엘리트 그룹인 자유주의 매파와 네오콘이 전략적으로 연합하여 1948년 이후 엘리트 계층 내에서 가장 중요한 외교 정책에 대한 의견 일치를 보았고 미국의 전쟁 정책을 새로운 차원으로 끌어올렸다는 것. 둘째, 미국 부르주아지가 장기적 이익을 고려해 중국이 전략적 경쟁국이라는 점에 공감대를 형성했고, 이러한 노선의 외교 정책을 위한 지지 기반을 튼튼히 다졌다는 것. 셋째, 미국 헌법의 태생적인 구조와 극우 세력의 확장, 선거의 완전한

---

5 North Atlantic Treaty Organization, "NATO 2022 Strategic Concept", 2022년 6월 29일, https://www.nato.int/nato_static_fl2014/assets/pdf/2022/6/pdf/290622-strategic-concept.pdf.

수익화로 인해 소위 견제와 균형이라는 민주적 요소가 적대적인 정책이 확산되는 것을 억제할 능력이 전혀 없다는 것.

적대적 외교 정책과 엘리트 계층의 연합

초기 미국의 자유주의적 개입주의의 대표 주자로는 민주당의 대통령 해리 트루먼, 존 F. 케네디, 린든 B. 존슨이 있다. 이들의 이념적 뿌리는 미국이 세계 무대에서 민주주의를 위해 싸우는 국가로 바로서야 한다고 했던 우드로 윌슨의 이념까지 거슬러 올라간다. 미국은 이런 이념으로 베트남을 침공했다.

베트남 전쟁에서 패배한 후, 민주당은 개입을 외교 정책으로 활용하는 일을 얼마간은 자제했다. 하지만 자유주의 매파 헨리 '스쿱' 잭슨Henry "Scoop" Jackson 민주당 상원의원(당시 '보잉 상원의원'으로도 알려짐)은 국제적 개입을 지지했던 다른 반공주의자 및 강경한 개입주의자 대열에 합류해 네오콘의 활동에 불을 지폈다. 1970년대 후반, 잭슨 상원의원 지지자 다수와 전前 직원을 포함한 네오콘은 공화당의 [대통령 후보] 로널드 레이건이 소련의 '확장주의'에 맞설 것을 공약하자 그를 지지했다.

1991년, 소련 해체와 함께 미국 일방주의가 부상함에 따라 네오콘은 한때 헨리 잭슨 상원의원의 보좌관이었던 폴 월포위츠Paul Wolfowitz를 사상적 지도자로 삼고 외교 정책의 주류가 되었다. 1992년 소련 붕괴 몇 달 후, 당시 국방부 정책 담당 차관보였던 월포위츠는 명시적으로 미국의 영구적인 단극 지위를 유지하는《국방 정책 지침Defense Policy Guidance》을 소개했다. 월포위츠는 러시아가 강대국으로 재부상하는 것을 막고자 하는 목표는 미국이 소련의 영향이 미치던 지역과 그 주변까지 군사력을 확장해야만 실현할 수 있다고 설명했다. 군사력 투사로 실행되는 미국 주도의 단극 전략은 조지 H. W. 부시와 아들 조지 W. 부시, 빌 클린턴과 버락 오바마 대통령이 외교 정책을 펼칠 때 가이드 역할을 했다. 1차 걸프 전은 소련의 약화가 주된 요인으로 작용했다. 이후 미국과 NATO군은 유고슬라비아를 해체했다. 9. 11 이후 아들 부시 정부의 외교 정책은 딕 체니 부통령과 도널드 럼스펠드 국방장관을 포함한 네오콘에게 완전히 장악당했다.

자유주의 매파와 네오콘 모두 외국으로의 군사개입을 열렬히 지지하지만, 역사적으로 두 가지 차이가 있다. 첫째, 자유주의 매파는 미국이 UN과 다른 국제기구에 영향력을

행사해 군사개입을 해야 한다고 생각한다. 반면 네오콘은 다
자기구를 무시하는 경향이 있다. 둘째, 자유주의 매파가 미
국 주도의 서구 동맹국과 함께 군사개입을 하려 했던 반면
에 네오콘은 기꺼이 일방적인 군사작전을 수행하고 노골적
으로 국제법을 위반했다. 역사학자 니얼 퍼거슨이 말했듯이,
네오콘은 흔쾌히 미 제국이라는 칭호를 받아들이고 세계의
패권국으로서 어떤 나라든 군사개입을 감행할 것을 일방적
으로 결정했다.[6]

역사적으로 공화당과 민주당은 그들만의 외교 정책 전
략과 이를 뒷받침하는 기구를 세웠지만, 양당이 외교 정책
전략에서 뚜렷하게 다른 접근법을 가지고 있다는 생각은 오
해다. 헤리티지재단Heritage Foundation과 같은 싱크탱크가 네오콘
의 주요 근거지로 공화당 성향을 보이는 반면 브루킹스연구
소Brookings Institution와 이후 설립된 신미국안보센터CNAS와 같은
싱크탱크는 친민주당 성향의 자유주의 매파의 본거지가 맞
다. 하지만 각 당 의원들이 이런 기관에서 활동하더라도, 이
들은 각 당의 노선이 아니라 특정 정책을 놓고 이견을 보일

6 Niall Ferguson, *Colossus: The Rise and Fall of the American Empire*, (New
   York: Penguin Books, 2005) [국역《콜로서스: 아메리카 제국 흥망
   사》, 강구형, 김일영 역, 21세기북스, 2010.]

뿐이다. 현실에서는 백악관과 의회의 배후에서 비영리재단, 대학, 싱크탱크, 정책 연구 그룹과 기타 기구가 양당의 정책 기획 네트워크를 구성해 집단적으로 기업과 자본가의 의제를 정책 제안과 보고서로 작성한다.

또 흔히 자유주의 진영 내의 진보주의적인 이들이 사회 개발을 추진하고, 국제원조를 제공하고, 군비를 제한할 것이라고 오해한다. 하지만 1970년대 중반 시작된 신자유주의 하에서 정부가 시장 세력에 종속되면서 의료, 식량 지원, 교육과 같은 사회 지출은 줄이고 무제한적인 군비 지출을 부추키며 대다수 민중의 삶의 질을 심각하게 훼손하는 특징을 보이고 있다. 군비 지출이 4% 늘어난 바이든 정부의 2022년 예산이나 코로나19 팬데믹 기간 동안 미국 정부가 경기부양책으로 지출한 5조 달러 가운데 1조 7천억 달러가 대기업의 주머니로 들어갔다는 사실을 보면, 공화당과 민주당 모두 신자유주의 원칙을 따른다는 것을 알 수 있다.[7] 신자유주의 체

---

7 Joan E. Greve, "Biden's Record Defense Budget Draws Progressive Ire Over Spending Priorities," *The Guardian*, 2022년 4월 3일, https://www.theguardian.com/us-news/2022/apr/03/biden-record-defense-budget-progressive-spending-priorities; Alicia Parlapiano, Deborah B. Solomon, Madeleine Ngo and Stacy Cowley, "Where $5 Trillion in Pandemic Stimulus Money Went," *The New York Times*, 2022년 3월 11일, https://www.nytimes.com/interactive/2022/03/11/us/how-covid-stimulus-money-was-spent.html.

제에서 개발도상국은 부채의 늪에 빠지고 국제통화기금IMF과 세계은행World Bank에 끝없는 부채 상환을 할 수밖에 없었으며 남반구 민중의 삶의 질은 심각하게 훼손되었다.

외교 정책 분야에서 2차 세계대전 이후 가장 영향력 있는 싱크탱크는 여러 지배계급으로부터 자금을 지원받는 미국 외교협회Council on Foreign Relations, CFR다. 협회는 창립 때부터 에너지기업(셰브론Chevron, 엑손모빌ExxonMobil, 헤스Hess, 텔루리안Tellurian), 금융기관(뱅크오브아메리카Bank of America, 블랙록BlackRock, 씨티그룹Citi, 골드만삭스Goldman Sachs, JP모건체이스JPMorgan Chase, 모건스탠리Morgan Stanley, 무디스Moody's, 나스닥 주식회사Nasdaq), 기술기업(액센츄어Accenture, 애플, AT&T, 시스코Cisco), 인터넷기업(구글, 메타Meta) 대표가 함께했다. 현재 미국 외교협회의 이사진으로는 아버지 부시 정부의 중동 지역 선임보좌관이었던 리처드 하스Richard Haass와 오바마 정부의 국방장관이었던 애슈턴 카터Ashton Carter가 있다. 독일 시사주간지 〈슈피겔〉은 미국 외교협회를 "미국과 서구 세계에서 가장 영향력 있는 민간 기구"이자 "자본주의의 중앙위원회"라고 설명했다. 〈워싱턴 포스트〉의 수석 편집자이자 옴부즈맨인 리처드 하우드는 미국 외교협회와 구성원들이 "미국 지배층에 가장 가깝다"고 말했다.[8] 2022년 8월 펠로시 하원 의장의 대만 방문에 앞서 1월 '대만 문제에 대한 대응으로 미일 공조를 강화할 것'을 제안한 것에서 볼 수 있듯이, 협회의 정책 제안은 미국 부르주아지의 장기적 전략을 반영하고 있다.

이런 다양한 기구의 직원이 선거에서 어느 당 후보를 지지하는지와는 상관없이, 이 오래된 양당의 협력 네트워크는 미국에서 일관적인 외교 정책을 유지해 왔다. 이 네트워크는 다른 국가가 국제 문제에 관여할 권리를 부정하는 미국 우월주의 세계관을 선전한다. 이는 전체 서반구에 대한 미국의 지배를 선언한 1823년 먼로 독트린까지 거슬러 올라간다. 오늘날 미국의 외교 정책을 주도하는 엘리트 계층은 먼로 독트린을 아메리카 대륙만이 아닌 전 세계로 확장해 적용한다. 초당적 시너지와 당적 변경은 외교 정책을 수립하는 그룹에게는 흔한 일이다. 이들은 딥스테이트(군과 정보부)뿐만

---

8 Swiss Policy Research, "The American Empire and Its Media," 2022년 3월, https://swprs.org/the-american-empire-and-its-media/; Laurence H. Shoup, *Wall Street's Think Tank: The Council on Foreign Relations and the Empire of Neoliberal Geopolitics, 1976-2019* (New York: Monthly Review Press, 2019); Richard Harwood, "Ruling Class Journalists," *The Washington Post*, 1993년 10월 30일, https://www.washingtonpost.com/archive/opinions/1993/10/30/ruling-class-journalists/761e7bf8-025d-474e-81cb-92dcf271571e/

아니라 미국의 외교 정책을 통제하는 지배층인 자본가 계급
과 정치권 엘리트 계층 내의 대리인과 밀접하게 관계 맺고
있다.

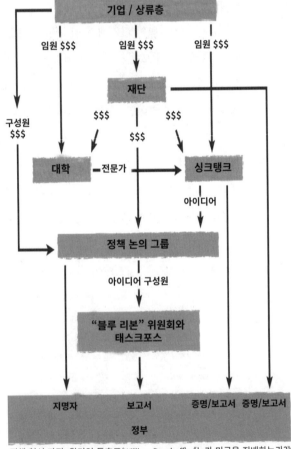

정책 형성 과정, 윌리엄 돔호프(William Domhoff), 《누가 미국을 지배하는가?》

21세기로 들어서면서 공화당으로 집결한 네오콘은 중국보다는 러시아의 붕괴와 비핵화에 더 많은 관심을 가졌다. 하지만 2008년쯤이 되자 미국 정치 엘리트 계층 내의 권력들은 중국 경제가 계속 급성장하고 중국의 수뇌부가 미국의 영향력에 굴복하지 않을 것이란 사실을 깨달았다. 즉, 중국에는 고르바초프나 옐친 같은 지도자가 없다는 것이다. 이 시기 초기에 네오콘은 중국을 완전히 적대적으로 대했고 견제하기 시작했다. 동시에 친민주당 자유주의 매파는 신미국안보센터를 설립했고, 당시 국무장관이었던 힐러리 클린턴은 주도적으로 아시아로의 회귀 전략Pivot to Asia을 개발하고 실행했다. 당시 공화당에 집결해 있던 네오콘은 미국이 이렇게 외교 정책을 전략적으로 전환한 일을 크게 반겼다. 정치평론가이며 미국 외교협회 선임연구원인 맥스 부트Max Boot는 힐러리 클린턴이 '강경한 모습'을 보인 것에 환호했고, 2003년 "'제국주의'라는 말이 안고 있는 역사적 짐을 고려하면 미국 정부가 '제국주의'라는 용어를 수용할 필요는 없다. 하지만 분명 제국주의의 관행은 수용해야 한다"라고 서술했다.[9] 오

---

9 Ivo H. Daalder and James M. Lindsay, "American Empire, Not 'If' but 'What Kind'," *New York Times*, 2003년 5월 10일, https://www.nytimes.com/2003/05/10/arts/american-empire-not-if-but-what-kind.html.

늘날 네오콘과 자유주의 매파 모두 NATO를 우크라이나까지 확장하고 러시아와 대치하는 상황을 높은 우선순위로 둔다. 이 둘 다 중국과 대립을 강화하기 위해서 러시아와의 관계를 개선해야 한다고 하는 현실주의적 제안에는 동의하지 않는다.

하지만 2016년 트럼프가 대통령에 당선되면서 미국 외교협회 내의 공동전선이 잠시 깨졌다. 존 벨라미 포스터가 《백악관의 트럼프: 비극과 희극*Trump in the White House: Tragedy and Farce*》에 썼듯, 트럼프 전 대통령은 부분적으로 중하층 백인이 기반이 된 네오파시스트 운동을 동원해 권력을 잡았다.[10] 처음에는 대자본 엘리트 계층 중에서도 소수만이 트럼프를 지지했다. 몇몇 이름을 살펴보면 해운회사 유라인Uline의 소유주 딕 울레인Dick Uihlein, 건축자재 판매점 홈디포Home Depot 창립자 버니 마커스Bernie Marcus, 극우 언론사 〈브라이트바트 뉴스 네트워크Breitbart News Network〉 투자자 로버트 머서Robert Mercer, 은행계 거물 앤드루 멜론Andrew Mellon의 손자 티모시 멜론Timothy Mellon이 있다. 북한과의 외교적 접촉뿐만 아니라 시리아와 아프가니스탄에서 미군을 철수하기 시작한 것에서 볼 수 있듯이, 국

---

10 John Bellamy Foster, *Trump in the White House: Tragedy and Farce* (New York: Monthly Review Press, 2017).

제문제의 개입을 줄이려는 트럼프 대통령의 경향성은 미국의 중하층 부르주아의 단기적인 이해관계에 부합했고, 이 덕분에 트럼프는 헨리 키신저를 포함한 외교 정책에서의 현실주의자들의 지지를 얻을 수 있었다. 그러나 이는 오히려 네오콘을 분노케 했다. 부시 정부를 지지했던 약 300명의 공직자와 엘리트 네오콘은 2020년 선거에서는 민주당을 지지하면서 트럼프 반대운동에서 중요한 역할을 했다. 외교 정책의 사상적 지도자이자 바이든 정부에 큰 영향력을 미친 부트 또한 그런 인물 중 하나였다.

바이든 정부하에서 미국 외교협회는 다시 공동전선을 수립했고 네오콘과 자유주의 매파는 미국의 전략적 방향에 대해 완전히 동일한 입장을 가지게 되었다. 중국의 부상에 대한 두 그룹의 인식이 일치한 것은 수십 년 만에 처음이었다. 이러한 공통된 인식은 미국이 다른 국가의 정치에 적극적으로 개입하고 '자유와 민주주의'를 증진하기 위해 모든 노력을 기울여야 하며, 서구의 경제적·군사적 지배에 도전하는 정부를 탄압하고 원치 않는 정부를 제거하며, 러시아와 중국을 주요 표적으로 모든 수단을 동원해 세계 패권을 확보해야 한다는 것을 규정한 국제문제에 대한 생각에 기반한 것이다. 2021년 5월, 오바마 정부에서 국무부 부장관을 지낸

앤서니 블링컨 국무장관은 "규범에 기반한 국제질서"를 수호할 것이라고 선언했다. 그가 사용한 이 모호한 표현은 폭넓은 UN 기반 기구보다는 미국이 지배하는 국제 안보 기구를 말한다. 바이든 정부에서 블링컨의 입장은 미국의 강권을 수용하지 않는다면 자유주의 매파가 공식적으로 UN이나 다른 국제 다자기구를 따르는 가식을 버릴 것임을 암시한다.

2019년, 저명한 네오콘 인사인 로버트 케이건은 앤서니 블링컨과 함께 트럼프 대통령이 미국 우선주의 정책을 폐기해야 한다고 촉구하는 기사를 썼다. 그들은 러시아와 중국을 견제(예를 들어 포위하고 약화하는 것)할 것을 요구하고 미국의 적에 맞선 '예방 외교와 억제' 정책을 제안했다. 즉, 필요하다고 판단되면 군과 탱크를 보낼 수 있다는 의미다.[11] 덧붙여 말하자면, 케이건의 배우자인 빅토리아 눌런드는 오바마 정부에서 미국 국무부의 유럽 및 유라시아 담당 차관보였다. 눌런드는 2014년 우크라이나의 색깔혁명/쿠데타color revolution/coup를 조직하고 지원하는 데 핵심적인 역할을 했으며 우크

---

11 Antony J. Blinken and Robert Kagan, 'America First' Is Only Making the World Worse. Here's a Better Approach," *Brookings Institution*, 2019년 1월 4일, https://www.brookings.edu/blog/order-from-chaos/2019/01/04/america-first-is-only-making-the-world-worse-heres-a-better-approach/

라이나에서 "민주주의를 증진"하는 일에 미국이 수십억 달러를 썼다며 자랑하기도 했다.[12] 현재 눌런드는 바이든 정부에서 국무부 정무차관을 맡고 있으며 국무부에서 블링컨 국무장관과 웬디 셔먼Wendy Sherman 국무부 부장관 다음으로 서열 3위이다. 또한 눌런드는 자신의 멘토인 자유주의 매파 지도자 매들린 올브라이트Madeleine Albright의 정신적 후계자이기도 하다.

핵 벼랑 끝nuclear brinkmanship 전술을 지지하는 NATO의 싱크탱크인 대서양협의회Atlantic Council는 케이건과 블링컨이 지지하는 매파적 경향을 한 단계 더 진척시켰다. 2월, 대서양협의회 스코크로프트 안보전략센터Scowcroft Center for Strategy and Security의 매튜 크로니그 부소장은 미국이 '전술' 핵무기의 선제적 사용을 고려해야 한다고 주장했다.[13]

12 Victoria Nuland, "Remarks at the U.S.-Ukraine Foundation Conference," *U.S. Department of State*, 2013년 12월 13일, https://2009-2017.state. gov/p/eur/rls/rm/2013/dec/218804.htm.

13 Matthew Kroenig, "Washington Must Prepare for War with Both Russia and China," *Foreign Policy*, 2022년 2월 18일, https://foreignpolicy. com/2022/02/18/us-russia-china-war-nato-quadrilateral-security-dialogue/.

소수의 전쟁광 집단을 살펴보면 외교 문제에서 두 엘리트 그룹이 긴밀하게 연합했고 이들이 우크라이나 위기를 유발했다는 것을 쉽게 알 수 있다. 우크라이나 위기의 전개를 보면 전쟁 책동 집단이 아래의 전술을 채택했다는 사실을 알 수 있다.

- NATO에 대한 미국의 리더십을 강화하여 UN이 아닌 NATO를 외국 개입의 주요 메커니즘으로 활용하기.
- 민감한 지역에서 상대 국가의 주권과 안보를 인정하지 않음으로써 소위 '적'을 도발하기.
- 전술핵무기 사용을 계획하고 '적'의 영토와 주변에서 '제한핵전쟁limited nuclear war'을 수행하기.
- 일방적인 강압적 수단을 통해서 그리고 색깔혁명과 사이버전쟁, 법률 전쟁 및 다른 전술과 함께 금융, 정보, 선전, 문화적 수단과 경제제재를 결합해 적을 약화하고 전복시키기 위한 하이브리드 전쟁을 일으키기.

우크라이나에서 기대한 결과가 나온다면 이들은 서태평양 지역에서도 분명 같은 전략을 되풀이해 사용할 것이다.

이런 전략에서 일치된 입장을 보인다고 해서 정책 엘리

트 집단이 기후 변화처럼 덜 중요하다고 여기는 문제에도 서로 의견 일치를 보이는 것은 아니다. 하지만 그런 문제에서도 미국은 유럽이 러시아의 천연가스 수입을 중단해야 한다고 요구한다. 바이든 대통령의 기후특사 존 케리John Kerry는 이 조치가 잠정적으로 환경에 부정적인 영향을 미치는 것에 대해서는 애매한 태도를 취했다. 유럽에서 판매되는 러시아산 천연가스를 미국산으로 교체하려는 목적도 있기 때문이다.

최근 몇 년간, 세계 진보 진영은 미국이 추구하는 공격적인 세계 전략에 대한 우려의 목소리를 내기 위해 많은 국제 캠페인을 벌였고, 종종 '신냉전New Cold War'이라는 용어를 사용했다. 하지만 가끔 현재 미국 외교 정책의 끔찍함을 과소평가하는 설명을 내놓기도 한다. 소련과의 '구냉전Old Cold War' 시기에는 일종의 규칙과 중요한 사항이 있었다. 즉, 미국이 소련 정부를 굴복시키기 위해 다양한 정치 경제적 수단을 사용해 압력을 가하더라도, 양국은 서로의 이해관계와 필요한 안보의 범위를 인정했다. 그때에는 미국이 핵을 보유한 상대국의 국경을 변경하려 하지는 않았다. 그런데 〈월스트리트 저널〉에서 미국이 핵전쟁에서 이길 수 있는 능력을 보여주어야 한다고 공표한 것에서 볼 수 있듯이 지금은 상황이 다르다. 이는 우크라이나와 대만이 서구 군사 경계선 내의 전략적 지역이기 때문에 보호해야 한다는 외교 정책 엘리트 계층의 주장이 뒷받침하는 입장이다.[14] 냉전의 지도자였던 키신저도 현재 미국의 외교 정책에 대해서는 우려와 반대를 표명하며 중국과 러시아를 분리하는 전략이 옳다고 주장하고 있으며 미국이 동시에 핵무기를 보유한 두 국가에 맞서 직접적인 전쟁을 일으킨다면 위험한 결과를 초래할 것이라고 경고한다.

중국과의 전쟁을 준비하는 미국의 부르주아지

미국 정부는 트럼프에서 시작해서 바이든까지 이어지고 있는 무역과 기술 전쟁을 통해서 미국과 중국을 경제적으로

---

14 Seth Cropsey, "The U.S. Should Show It Can Win a Nuclear War," *Wall Street Journal*, 2022년 4월 27일, https://www.wsj.com/articles/the-us-show-it-can-win-a-nuclear-war-russia-putin-ukraine-nato-sarmat-missile-testing-warning-11651067733; "A Conversation with Representative Michael McCaul," *Council on Foreign Relations*, 2022년 4월 6일, https://www.cfr.org/event/conversation-representative-michael-mccaul; Elliot Abrams, "The Ukraine War, China, and Taiwan," *Council on Foreign Relations*, 2022년 5월 3일, https://www.cfr.org/blog/ukraine-war-china-and-taiwan.

분리하고자 한다. 하지만 이런 정책은 의도하지 않은 결과를 낳았다. 한편으로 세계 공급망 형성으로 미국과 유럽의 제조업 부문은 대중국 수입 의존도가 높아졌고, 바이든 정부는 인플레이션의 거대한 압력을 완화하기 위해 무역 전쟁으로 인해 인상된 관세의 삭감을 요구하는 국내의 반발에 직면해 있다. 다른 한편으로, 중국이 경제적 디커플링decoupling을 먼저 시작하지는 않았지만, 무역 전쟁과 기술 전쟁의 압박으로 중국은 (수출 의존도를 낮추고 내수 의존도를 높이는) '국내 대순환internal grand circulation' 발전을 추진했다. 팬데믹 이후, 표면적으로 미국과 중국 간의 상품 무역이 단계적으로 증가했다.

하지만 미중 관계의 기본적인 논리에 변화가 일어나고 있다는 사실에 주목해야 한다. 즉, 미국 부르주아지는 중국에 맞선 동맹을 강화하고 미국 정부의 호전적 전략을 지지해 왔다. 이런 상황은 경제적, 이데올로기적 요인에서 기인한다. 우선 미국과 서구의 GDP는 남반구 공장에서 노동자들이 생산한 가치를 은폐한다. 예를 들어 애플이 미국에서 올린 높은 판매 수익은 미국 GDP에 포함되지만, 실제 애플의 높은 이익률은 폭스콘 공장이 있는 중국의 선전, 충칭 그리고 다른 도시에서 효율적이고 생산성은 높지만 저임금을 받는 노동자가 생산한 잉여가치에서 나온 것이다.[15] 중국은 대다수가 저임금·저숙련 노동자였던 대공장 시대에서, 2019년 기준 세계 제조업의 28.7%를 차지하는 매우 정교한 산업, 물류, 사회기반시설을 발전시켜 왔다.[16] 전체 공급망을 중국에서 인도나 멕시코로 옮기는 것은 수십 년이 걸리는 과정이될 것이며 저임금에만 기댈 수도 없는 상황이다.

반도체 기업 정도를 제외하면, 미국이 중국 현지 시장 판매에 많이 의존하고 있는 경제 부문은 거의 없다. 보잉, 캐터필러Caterpillar, 제너럴모터스GM, 스타벅스, 나이키, 포드, 애플 (17%)과 같은 주요 기업 수익 가운데 25% 이하만이 중국에서 나온다.[17] S&P 500대 기업의 총수익은 14조 달러이고 이

15 John Smith, "The GDP Illusion: Value Added versus Value Capture," *Monthly Review* 64, no. 3 (2012년 7-8월), https://doi.org/10.14452/MR-064-03-2012-07; Tricontinental: Institute for Social Research, "iPhone Workers Today Are 25 Times More Exploited Than Textile Workers in 19th Century England: The Thirty-Ninth Newsletter (2019)," 2019년 9월 25일, https://thetricontinental.org/newsletterissue/iphone-workers-today-are-25-times-more-exploited-than-textile-workers-in-19th-century-england-the-thirty-ninth-newsletter-2019/.

16 Felix Richter, "China Is the World's Manufacturing Superpower," *Statista*, 2021년 5월 4일, https://www.statista.com/chart/20858/top-10-countries-by-share-of-global-manufacturing-output/.

17 "10 US Companies with Highest Revenue Exposure to China," *Yahoo! Finance*,

중 중국 국내 판매와 관련된 수익은 5%도 안 된다.[18] 성장하는 중국 국내 시장에 장기적인 접근을 늘릴 수 있는 분명한 길이 보이지 않기 때문에 미국의 CEO들이 중국에 대한 미국 정부의 외교 정책 방향에 반대할 가능성은 없어 보인다. 이러한 태도는 2022년 5월, 실적 발표 자리에서 디즈니 CEO 밥 차펙Bob Chapek이 중국 시장에 대한 접근성 없이도 성공을 확신한다고 말한 것에서도 볼 수 있다.[19] 중국에 대한 이러한 태도는 주요 미국 산업 부문 전체에서 볼 수 있다.

기술/인터넷 부문: 가장 부유한 미국인 열 명 중 아홉은 우리 시대의 시대정신인 기술/인터넷 산업 부문에 종사한다. 전

2020년 8월 2일, https://finance.yahoo.com/news/10-us-companies-highestrevenue-225350456.html.

18 Yardeni Research, Inc., *S&P 500 Revenues & the Economy*, 2022년 6월 13일, https://www.yardeni.com/pub/stmktbriefrev.pdf; Office of the United States Trade Representative, "The People's Republic of China: U.S.-China Trade Facts," 2022년 8월 9일 기준, https://ustr.gov/countries-regions/china-mongolia-taiwan/peoples-republic-china.

19 Phil Hall, "Can Marvel Films Profit without Playing in China? Here's What Disney CEO Bob Chapek Says," *Benzinga*, 2022년 5월 12일, https://www.benzinga.com/general/entertainment/22/05/27166040/disneys-chapek-marvel-films-can-profit-without-playing-in-china.

기차 제조사 테슬라의 CEO 일론 머스크를 예외적으로 이 범주로 분류한 것은 그가 인터넷 부문에서 사업을 시작했기 때문이다. 지난 수십 년간 미국 부호의 목록과 비교하면 제조업, 금융업, 석유 산업과 같은 전통적인 산업 부문의 부자는 부상하는 기술 엘리트 계층에게 추월당했다. 기술 엘리트 계층은 중국 시장에 진입하는 데 어려움을 겪고 있기 때문에 반중국 입장이 강하다. 구글, 아마존Amazon, 페이스북 메타와 같은 미국의 정보기술 대기업은 사실상 중국 시장 점유율이 없고, 애플과 마이크로소프트와 같은 기업은 더 많은 어려움에 직면하고 있다. 지난 10년 동안 중국의 기술 및 통신 기업인 화웨이는 중국 내에서 시장 점유율로는 애플을 능가했다. 스마트폰의 핵심 부품인 반도체 칩을 화웨이에 판매하는 것을 금지한 미국의 제재 때문에 애플만이 1위를 탈환할 수 있었다. 중국 정부는 마이크로소프트 윈도Windows와 오피스Office 소프트웨어를 대체하기 위해서 자체 프로그램에 리눅스Linux와 오피스 프로덕티비티Office Productivity 시스템을 사용하기로 했다. IBM과 오라클Oracle, EMC(합쳐서 IOE라 함)와 같은 전통적인 IT 기업은 IBM 서버, 오라클 데이터베이스, EMC 저장장치를 자체적인 오픈소스 솔루션으로 대체하려는 알리바바Alibaba 주도의 반反 IOE 움직임 때문에 중국 시장에서 오랫동안 홀대를 받았다. 미국의 정보기술 대기업은 중국의 정치체제가 중국이라는 거대한 시장을 개방하도록 변화하길 열망하며, 주요 인사들은 미국의 적대적인 외교 정책을 추진하기 위해 적극적으로 활동하고 있다. 예를 들어 구글의 전 CEO이자 회장인 에릭 슈미트Eric Schmidt는 2016년 미국 정부의 국방혁신단Defense Innovation Unit과 2018년 인공지능국가안보위원회National Security Commission on Artificial Intelligence 창설을 이끌었다. 에릭 슈미트는 '중국 위협China Threat'[20] 이론을 열렬하게 홍보하는데, 이는 미국 기술업계 내에 만연한 의견을 반영하는 것이며 여론을 형성하기도 한다. 트위터와 페이스북은 중국과 기타 '적국'이 시작한 허위정보 캠페인과의 전투라는 이름으로 갈수록 자국의 외교 정책에 대한 비판을 검열하고 팬데믹, 홍콩, 신장 위구르 자치구와 같은 핵심 문제에 대한 토론에 영향력을 행사하기 위해서 미국과 서구 정부와 협력해 왔다.

제조업 부문: 미국 제조업은 여전히 중국의 생산력에 의존하고 있다. 미국 제조업에서 지속적인 투자와 기술 혁신은 신

---

20 [옮긴이] 중국이 고속 성장을 통해서 군사 강국으로 부상해 새로운 위협 세력이 될 것이라는 이론을 말한다.

자유주의 시기 동안에는 사실상 멈췄었다. 또한 오바마와 트럼프가 북아메리카로 제조업을 귀환시키는 니어쇼어링near-shore manufacturing[21]을 외쳤지만 이루어진 것은 거의 없었다. 하지만 미국의 대對중국 제조업 투자는 테슬라의 상하이 메가팩토리mega-factory[22]라는 주목할 만한 예외를 빼면 최근 몇 년간 감소했다. 이런 상황에서도 일론 머스크가 우주탐사 기업 스페이스XSpaceX를 통해서 정부와 군수품 조달 계약을 많이 따냈다는 점을 주목해야 한다. 중국은 2021년 스페이스X의 스타링크Starlink 위성 시스템이 중국 우주정거장과 두 번이나 '거의 충돌할 뻔'했다는 이유로 이들을 비판했다. 중국 인민해방군은 미국이 스타링크 시스템을 군용화하려 할지도 모른다고 경고했다. 우크라이나 전쟁에서 스타링크 서비스 배치는 이러한 역학관계의 증거다. 일론 머스크가 트위터를 잠재적으로 인수한다 하더라도, 테슬라와 미국 및 서구 정부와의 관계 그리고 중국과 러시아에 대한 태도는 변하지 않을 것이다.

---

21 [옮긴이] 해외에 있는 자국 기업을 본국으로 이전하기 어렵다고 판단될 때 인접국으로 아웃소싱하는 것을 말한다. 근거리 아웃소싱이라고도 한다.

22 [옮긴이] 2019년 1월 기준으로 중국에 해외 제조업체가 투자한 것으로는 가장 큰 프로젝트로, 메가팩토리는 연구개발, 제조, 판매 기능을 모두 갖추었고 연간 전기자동차 25만 대를 생산할 수 있다.

금융 부문: 미국의 금융 서비스 산업은 중국의 자본 시장이 더 많이 개방되기를 오랫동안 기대했고 궁극적으로 중국이 완전히 신자유주의적 방향으로 가도록 정권이 바뀌길 바랐다. 헝가리 출신으로 미국 금융업계의 영향력 있는 거물이자 자선가인 조지 소로스가 반중국 입장을 가졌다는 것은 잘 알려져 있다. 2022년 1월 소로스는 트위터에 "중국의 시진핑은 오늘날 열린 사회가 직면한 가장 큰 위협"이라는 글을 올렸다.[23] 이 트윗은 2021년 11월 JP모건체이스의 CEO 제이미 다이먼이 다국적 은행이 중국 공산당보다 오래 남아 있을 것이라고 선언한 후에 올라왔다(이후 그는 농담한 것이라고 사과했다). 또한 다이먼은 중국이 대만과의 통일을 시도한다면 강력한 군사 공격을 받을 것임을 암시했고, 이 협박에 대해서는 사과하지 않았다.[24] 이러한 적대적인 태도는 월가가 선호하는 방향으로 중국의 자본 시장이 움직이지 않고 있다

---

23 George Soros (@georgesoros), "China's Xi Jinping is the greatest threat that open societies face today," Twitter, 2022년 1월 31일, https://twitter.com/georgesoros/status/1488233860584427530?lang=en.

24 David Henry and Anshuman Daga, "Jamie Dimon jokes that JPMorgan will outlast China's Communist Party," *Reuters*, 2021년 11월 23일, https://www.reuters.com/business/jpmorgan-ceo-dimon-jokes-his-bank-will-outlast-chinas-communist-party-2021-11-23/

는 사실(대표적 사례가 중국 정부가 자본 통제를 강화하고 미국 증권거래소에서 자국의 여러 주식을 상장 폐지시킨 것)에 대한 반응이다. 투자 대기업 버크셔해서웨이Berkshire Hathaway의 2022년 연례 주주총회에서 찰리 멍거Charlie Munger 부회장은 중국이 여전히 '가치 있는' 투자처라고 언급했다. 하지만 이 경우에도 멍거는 중국 정부를 '인권 침해'를 저지르는 '권위주의 정권'으로 묘사하는 인터뷰 진행자의 전제를 수용했다. 멍거에게 중국은 그저 더 좋은 비즈니스에 적은 비용으로 투자할 수 있기 때문에 추가적인 위험을 감수할 가치가 있는 투자처일 뿐이다.

소매 및 소비자 부문 : 미국의 소매 및 소비자 산업은 중국과의 경쟁으로 압박 받아 왔다. 2021년 3월, 나이키와 다른 기업은 강제노동을 이유로 신장 위구르 자치구에서 생산된 면을 보이콧했다. 얼마 후 나이키가 공개한 광고는 중국인에 대한 인종차별주의적 편견을 조장한다는 비판을 받았다. 그 결과 중국 브랜드 안타Anta가 나이키의 시장 점유율을 앞서 가면서 이미 잃고 있었던 시장 점유율은 더 많이 떨어졌다.

게다가 2021년 시점에서 중국 국내 제작 영화가 중국 박스오피스에서 85%를 차지할 정도로 양국의 문화 및 엔터테

인먼트 산업은 상당히 단절되어 있다. 한때 중국 영화 팬들 사이에서 인기 있었던 마블Marvel 슈퍼히어로 영화는 사상적으로 우려된다는 이유로 중국 시장에 들어올 수 없게 되었기 때문에 2021년 중국에서의 흥행 수익이 전무했다. 최근 마블에서 제작한 〈닥터 스트레인지: 대혼돈의 멀티버스Doctor Strange in the Multiverse of Madness〉에는 극우 성향의 반정부 신문인 〈에포크타임스The Epoch Times〉를 인용한 것을 포함해 반중국 정서가 담긴 장면이 담겨 있어 중국에서는 개봉되지 않았다. 이러한 사례는 미국 기업이 보여주는 중국 소비 시장으로의 접근이라는 상업적 이익과 중국 정치체제에 대한 반대라는 정치적 이념 간의 모순을 보여준다.

미국의 군산복합체와 전쟁을 부추기는 요소

미국의 군산복합체는 제국주의적 이익을 위해 전략적인 경제, 기술, 정치, 군사 부문 간의 협력 활성화에 특별한 역할을 한다. 2021년 세계 6대 군수기업(록히드 마틴, 보잉, 레이시온테크놀로지스, BAE시스템즈BAE Systems, 노스롭그루먼, 제너럴다이내믹스)은 미국 정부를 상대로 총 1280억 달러가 넘는 영업 수익을 올렸다.[25] 아마존, 마이크로소프트, 구글, 오라클, IBM, 팔란티어Palantir(극단주의자 피터 틸Peter Thiel이 설립한 기업)와 같은 정보기술 대기업은 최근 수십 년간 수백억 달러 규모의 계약 수천 건을 체결하며 미군과 긴밀한 유대관계를 맺고 있다.[26] 기술산업은 미국이라는 거대한 정보 제국에서 데이터를 수집하는 전략적인 역할을 수행하고 있으며, 남반구의 대다수 국가에서 디지털 지배력을 확보하면서 소프트파워 미디어와 소셜미디어 패권의 중심에 섰다. 그렇기에 기술 산업은 중요한 규제나 탈독점이라는 위협으로부터 자유롭다.

---

25 Bloomberg Government, "The Top 10 Defense Contractors," 2021년 6월 10일, https://about.bgov.com/top-defense-contractors/.

26 Big Tech Sells War, 2022년 8월 9일 기준, https://bigtechsellswar. com/; April Glaser, "Thousands of Contracts Highlight Quiet Ties Between Big Tech and U.S. Military," *NBC News*, 2022년 7월 8일, https://www.nbcnews.com/tech/tech-news/thousands-contracts-highlight-quiet-ties-between-big-tech-u-s-n1233171; Joseph Nograles, "Buy PLTR Stock: Palantir Is a Defense Contractor Powerhouse," Nasdaq, 2021년 10월 14일, https://www.nasdaq. com/articles/buy-pltr-stock%3A-palantir-is-a-defense-contractor-powerhouse-2021-10-14; Frank Konkel, "NSA Awards Secret $10 Billion Contract to Amazon," Nextgov, 2021년 8월 10일, https:// www.nextgov.com/it-modernization/2021/08/nsa-awards-secret-10-billion-contract-amazon/184390/.

미국은 군사적 우위를 차지하기 위해서 무기, 컴퓨터 기술(특히 실리콘 칩), 고도의 정보통신(위성 사이버 전쟁 포함), 생명과학 분야에 예산을 물 쓰듯 하고 있다. 미국 정부는 2023년 예산 중 8130억 달러(전체 예산 중 다른 부문에 포함되어 가려진 추가 군비 미포함)를 군비로 책정해 달라고 공식적으로 요청했고 국방부는 향후 10년간 최소 7조 달러의 세출이 필요할 것이라고 주장한다.[27]

신자유주의하에서 국가가 민영화되면서 지난 40년간 미국 정부와 민간 부문 간의 회전문 인사가 증가했다. 국가는 의원, 상원의원, 정책 안보 고문, 각료, 대령, 장군, 양당 대표를 포함하는 고위 공직자가 사익 집단에서 정치적 내부자 지위를 활용해 억만장자가 되는 수단으로 전락했다.[28] 정부 관료 사회 내에서 '국가안보'라는 말은 개인과 기업의 탐욕,

27 Mike Stone, "Biden Wants $813 Billion for Defense as Ukraine Crisis Raises Alarm," *Reuters*, 2022년 3월 28일, https://www.reuters.com/world/us/biden-wants-813-billion-defense-ukraine-crisis-raises-alarm-2022-03-28/; Michael A. Cohen, "Bloated Defense Budget Passes Easily but Congress Fights over Safety Net Programs," *MSNBC*, 2021년 10월 1일, https://www.msnbc.com/opinion/bloated-defense-budget-passes-easily-congress-fights-over-safety-net-n1280568.

28 Open Secrets, 2022년 8월 9일 기준, https://www.opensecrets.org/.

과도한 군비 지출을 더욱더 늘린다. 이처럼 제1세계에서 합법화된 부패가 만연한 상태에서, 기업은 공직을 떠난 공직자에게 보상을 준다. 이러한 합법적인 뇌물은 본질적으로 공직자가 공직에 있는 동안 사익 집단이 받았던 서비스에 대한 체납금이다. 예를 들어 전직 공직자가 퇴임과 동시에 그들이 지원했거나, 찬성표를 던졌거나, 공직자로서 정부 계약을 체결했던 회사에 유급 직원으로, 이사진 또는 고문으로 채용되는 경우가 많다.[29] 다음은 이러한 광범위한 역학관계를 보여주는 유명한 사례다.

- 빌 클린턴은 2001년 퇴임할 때 부채 1600만 달러가 있다고 주장했지만 2021년까지 그의 자산 가치는 8천만 달러로 추정된다.[30]
- 오바마 정부 당시 힐러리 클린턴 국무장관을 만나거나 통화

---

29 Ben Freeman, "The Hidden Costs of Star Creep: Generals Making More in Retirement Than in Service," *POGO: Project on Government Oversight*, 2012년 2월 8일, https://www.pogo.org/analysis/2012/02/hidden-costs-of-star-creep-generals-making-more-in-retirement-than-in-service.

30 Sam DiSalvo, "How Much Is Bill Clinton Worth?" *Yahoo! News*, 2021년 2월 12일, https://ca.news.yahoo.com/much-bill-clinton-worth-234218086.html.

하기로 계획한 사익 집단의 인사 154명 중 최소 85명이 놀랍 게도 무사히 1억 5600만 달러를 클린턴 재단Clinton Foundation 에 기부했다.[31]

· 퇴역한 4성 장군이자 트럼프 정부에서 국방부 장관을 지냈 으며 전 신미국안보센터 이사로 '미친 개'라는 별명으로 불 리는 제임스 매티스James Mattis는 군에서 '은퇴'한 지 5년 만인 2018년 순자산 7백만 달러를 보유했다. 이 자산은 다양한 방 위산업체로부터 벌어들인 돈으로 여기에는 주요 방산업체 인 제너럴다이내믹스의 주식과 옵션 60만 달러에서 125만 달러가 포함된다.[32]

· 바이든 정부의 국방장관 로이드 오스틴Lloyd Austin은 유나이티 드테크놀로지스United Technologies, 레이시온테크놀로지스와 같 은 여러 군수기업의 이사회에서 근무했다. 오스틴은 4성 장 군으로 '은퇴' 이후 7백만 달러에 이르는 순자산 대부분을 벌

31 CNBC, "Many Who Met with Clinton as Secretary of State Donated to Foundation," 2016년 8월 23일, https://www.cnbc. com/2016/08/23/most-of-those-who-met-with-clinton-as-secretary- of-state-donated-to-foundation.html.

32 Jeremy Herb and Connor O'Brien, "Pentagon Pick Mattis Discloses Defense Industry Work," *Politico*, 2017년 1월 8일, https://www. politico.com/blogs/donald-trump-administration/2017/01/james-mattis- defense-disclosures-233331.

어들였다.[33]

2009년과 2011년 사이, 미국 최고 장성 중 70% 이상이 은
퇴 후 군수기업에서 일했다. 또한 군 장성은 국방부와 민간
군수기업 양쪽에서 이중으로 수입을 얻는다.[34] 2016년에만
장군 25명, 제독 9명, 중장 43명, 부제독 23명을 포함해서 거
의 100명에 가까운 미군 장교가 정부에서 민간 군수기업으
로 옮겨 갔다.[35]

트럼프 정부가 집권했을 때, 오바마 시대의 관료 여럿이

33 Dan Alexander, "Here's How Much Secretary of Defense Lloyd
   Austin Is Worth," *Forbes*, 2021년 6월 18일, https://www.forbes.
   com/sites/danalexander/2021/06/18/heres-how-much-secretary-of-
   defense-lloyd-austin-is-worth/?sh=552340be63e4.

34 Luke Johnson, "Report: 70 Percent of Retired Generals Took Jobs
   with Defense Contractors or Consultants," *HuffPost*, 2012년 11월
   20일, https://www.huffpost.com/entry/defense-contractors-generals_
   n_2160771.

35 Tom Vanden Brook, Ken Dilanian and Ray Locker, "How Some
   Retired Military Officers Became Well-Paid Consultants," *ABC News*,
   2009년 11월 18일, https://abcnews.go.com/Politics/retired-military-
   officers-retire-paid-consultants/story?id=9115368; Mandy Smithberger,
   "Brass Parachutes: The Problem of the Pentagon Revolving Door,"
   POGO: Project on Government Oversight, 2018년 11월 5일, https://www.
   pogo.org/report/2018/11/brass-parachutes.

세계 최대 민간 기업의 고문과 자문으로 옮겨 갔지만, 이들은 바이든 대통령이 취임하자 다시 백악관으로 돌아왔다. 이러한 충격적인 회전문 인사가 보여주듯이, 바이든 정부는 컨설팅 업체인 웨스트이그젝어드바이저스WestExec Advisors 출신 15명을 고위 관료로 임명했다. 웨스트이그젝어드바이저스는 2017년 오바마 정부의 공직자가 설립한 회사로 고객에게 '최고의 지정학적 위험 분석'('전략적 경쟁의 시대에 중국 관련 위험 관리Managing China-Related Risk in an Era of Strategic Competition'를 포함)을 제공한다고 주장한다.[36] 이 기업은 정보기술 대기업과 미군 사이의 협력을 촉진하고 있으며, 고객으로는 보잉, 팔란티르, 구글, 페이스북, 우버Uber, AT&T, 드론 감시 기업인 쉴드AIShield AI, 이스라엘의 인공지능 기업인 윈드워드Windward가 있다. 바이든 정부에서 웨스트이그젝 출신 관료로는 블링컨 국무장관, 에이브릴 헤인즈Avril Haines 국가정보국장, 데이비드 코헨David Cohen CIA 부국장, 엘리 레트너Ely Ratner 인도 태평양 안보 담당 차관보, 젠 사키Jen Psaki 전 백악관 대변인이 있다.[37]

---

36 Jonathan Guyer and Ryan Grim, "Meet the Consulting Firm That's Staffing the Biden Administration," *The Intercept*, 2021년 7월 6일, https://theintercept.com/2021/07/06/westexec-biden-administration/; WestExec Advisors, 2022년 8월 14일 기준, https://www.westexec.com/.

37 Jonathan Guyer and Ryan Grim, "Meet the Consulting Firm

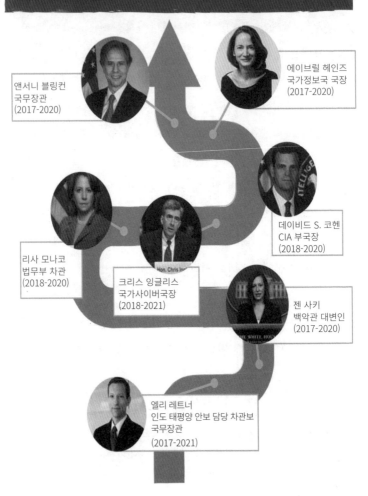

바이든 정부의 웨스트이그젝 출신 관료

앤서니 블링컨
국무장관
(2017-2020)

에이브릴 헤인즈
국가정보국 국장
(2017-2020)

데이비드 S. 코헨
CIA 부국장
(2018-2020)

리사 모나코
법무부 차관
(2018-2020)

크리스 잉글리스
국가사이버국장
(2018-2021)

젠 사키
백악관 대변인
(2017-2020)

엘리 레트너
인도 태평양 안보 담당 차관보
국무장관
(2017-2021)

웨스트이크젝과 바이든 정부의 회전문 인사, 1부 (그림: Soohee Cho/The Intercept)

미국의 군국주의에 대한 국내에서의 저항 약화

1973년 미국은 징병제를 폐지했고, 그 후 미군은 교묘하게 미군은 모두 자원입대라고 말하며 사실을 호도해 왔다. 이는 미국이 해외에서 벌이는 전쟁에 대한 국내의 반발을 줄이기 위함이었으며 특히 미국의 베트남 침략 전쟁에 반대한 유산 계급과 중산층 가정의 자녀들의 반발을 줄이기 위함이었다. 징병제 폐지는 더 전문적이고 헌신적인 군인을 선발한다는 명목으로 정당화된 것이지만, 현실에서는 부르주아 계급이 기술 훈련과 소득 보장을 제안해 모집된 가난한 노동자 계급의 경제적 취약성을 먹잇감으로 삼았다. 전쟁의 기술적 진보로 미국은 침략국에서 민간인과 적군을 살해하는 능력을 증가시켰으며 동시에 미군 사망률은 감소했

That's Staffing the Biden Administration," *The Intercept*, 2021년 7월 6일, https://theintercept.com/2021/07/06/westexec-biden-administration/; Alex Thompson and Theodoric Meyer, "Janet Yellen Made Millions in Wall Street, Corporate Speeches," *Politico*, 2021년 1월 1일, https://www.politico.com/news/2021/01/01/yellen-made-millions-in-wall-street-speeches-453223; Eric Lipton and Kennet P. Vogel, "Biden Aides' Ties to Consulting and Investment Firms Pose Ethics Test," *The New York Times*, 2020년 11월 28일, https://www.nytimes.com/2020/11/28/us/politics/biden-westexec.html.

다. 예를 들어 2001년에서 2021년까지 2조 2천억 달러를 퍼부은 아프가니스탄 전쟁에서 사망한 24만 1천 명(민간인 7만 1천 명 포함) 중 미군은 2442명(1%)밖에 안 되었다.[38] 미군 사망자 감소로 국내에서는 전쟁에 대한 감정적인 연결 고리가 약해졌고 민간 용병 증가로 인해 이는 더욱 둔화하고 있다. 2010년대 중반까지 이라크와 아프가니스탄에 주둔하고 있는 미군 병력의 절반 가까이가 민간 용병 업체에 고용된 것으로 추정된다.[39] 2016년 세계 최대 민간 군사기업인 아카데미ACADEMI(에릭 프린스Erik Prince가 블랙워터Blackwater라는 이름으로 설립했던 기업)를 세계 최대 사모펀드 회사 아폴로Apollo가 약 10억 달러에 인수했다.[40] 현재의 미군은 자원군이라기보

---

38 Neta C. Crawford and Catherine Lutz, "Human and Budgetary Costs to Date of the U.S. War in Afghanistan," *Costs of War Project*, 2021년 4월 15일, https://watson.brown.edu/costsofwar/files/cow/imce/figures/2021/Human%20and%20Budgetary%20Costs%20of%20Afghan%20War%2C%202001-2021.pdf.

39 Bryan Stinchfield, "The Creeping Privatization of America's Armed Forces," *Newsweek*, 2017년 5월 28일, https://www.newsweek.com/creeping-privatization-americas-forces-616347.

40 Ross Wilkers, "Apollo Group, Constellis Executives to Buy Out Security Services Contractor," *GovCon Wire*, 2016년 8월 15일, https://www.govconwire.com/2016/08/apollo-group-constellis-executives-to-buy-out-security-services-contractor/.

다는 오히려 용병군이라고 표현하는 것이 더 적절해 보인다.

미국은 100여 개국을 상대로 침략하거나 군사작전을 벌였지만, 외국 정부의 침략을 받거나 대규모 민간인 사상자가 나온 적이 없다는 점에서 전쟁 도발에 더욱 대담해지고 있다. 현재 정치 엘리트 세대는 대체로 미국이 무적으로 보였던, 소위 '역사의 종말'로 정의된 냉전 시대가 끝난 이후 성장기를 보냈기 때문에 미국 예외주의라는 심리를 가질 수 있었다. 중국이 부상하기 전까지 국내외를 통틀어 미국에 만만치 않은 도전자는 없었다. 그 결과, 미국의 엘리트 계층은 몰역사적인 세계관을 가지게 되었으며 과대망상에 사로잡혀 아무런 제약도 받지 않는다고 생각하게 되었다. 이는 극도로 위험한 조합이다.

장군, 정치인, 기술기업, 민간 군수업체로 구성된 군산복합체는 미군 전력의 대규모 확장을 추구한다. 오늘날, 워싱턴의 거의 모두가 러시아뿐만 아니라 중국을 이러한 확장의 구실로 이용한다. 한편 이 중 다수는 이라크, 아프가니스탄, 시리아, 리비아와 다른 곳에서 전쟁범죄를 저질렀거나 자원한 이들이다.

미국에서 울려 퍼지는 중국을 악마화하는 합창에 공개적으로 반대하는 영향력 있는 개별 자본가는 거의 없다. 그런 자본가가 있다면 제압당하거나 배제당한다. 〈뉴욕타임스〉나 〈월스트리트저널〉 기고문에서 공개적으로 반대 의견을 내거나 자제를 요구하는 사람을 찾아보기 어렵다. 2020년 대선 기간에 마이클 블룸버그는 중국 공산당이 대중의 의사에 호응하고 있으며, 시진핑 주석을 독재자로 낙인 찍는 것에 거부한다고 말한 후 중국에 대해 '관대하다'는 혹평을 받았다. 이후 블룸버그는 혹평에 제대로 제압당한 것으로 보인다. 그는 바이든 정부에서는 전쟁 히스테리에 가담했고 2022년 2월 국방부 국방혁신위원회Pentagon's Defense Innovation Board 의장으로 임명되었다. 중국과의 경제적 연계 확대를 선호해 온 세계적인 경영 컨설팅 회사 맥킨지앤드컴퍼니McKinsey & Company는 〈뉴욕타임스〉로부터 "세계에서 권위주의적이고 부패한 정부의 위상을 높이는 데 도움을 주고 있다"는 비난을 받았다.[41] 결과적으로, 미국 재계에서 맥킨지앤드컴퍼니의 영향력은 크게 약화되었다. 억만장자 투자자이자 브릿지워터어소시에이츠Bridgewater Associates 창립자 레이 달리오Ray Dalio와 같은 소수의 인사가 미중 관계에 대해 낙관적인 견해를 계

---

41 Walt Bogdanich and Michael Forsythe, "How McKinsey Has Helped Raise the Stature of Authoritarian Governments," *The New York Times*, 2018년 12월 15일, https://www.nytimes.com/2018/12/15/world/asia/mckinsey-china-russia.html.

속 표명하고 있지만, 이는 예외적인 경우이다.

　더욱 결정적으로, 현재 미국 부르주아 엘리트 상층 계층들은 여러 산업에 걸쳐 분산 투자했기 때문에, 한 산업에서 단기적으로 줄어드는 경제적 이익을 극복하고자 미국이 전략적으로 그린 '큰 그림'과 같은 노선을 가질 수 있게 되었다. 과거의 백만장자가 한 가지 산업에 집중 투자했던 것과는 대조적으로 오늘날의 억만장자는 더욱 공통된 인식을 가지고 중국 정부가 전복된 후 완전히 자유화된 중국 시장에서 주요한 장기적 수익을 내는 미래를 그린다. 결과적으로 이런 억만장자는 단기적인 손실을 감수하더라도 미국의 중국 견제 정책을 적극적으로 지지한다. 앞서 자세히 설명했듯이, 부르주아 계급은 비영리재단을 통해 많은 싱크탱크와 정책 그룹에 자금을 지원하며 미국의 정책과 정책 논의 방향을 결정한다.

　중상류층 엘리트 계층 중에는 주로 지식인으로 구성되어 있는, 카토연구소Cato Institute로 대표되는 소수의 극우 자유주의적 고립주의자들이 있다. 이 정치 네트워크는 미국의 연방준비제도와 외국의 개입에 대해 반대하는 목소리를 높이며 우크라이나에서 미국이 하는 역할에 반대한다. 그러나 이들은 외교 정책 분야에서 소외되어 있기에 큰 영향력을 행사하지는 못한다.

카를 마르크스가 한때 지적했듯이 자본가는 항상 "서로 싸우는 형제 집단"이다. 이 집단은 무장한 군인, 정보 요원, 스파이로 구성된 대규모 상설 기구가 있는 현대 국가를 유지한다. 2015년에만 미국에서 430만 명이 '기밀', '비밀' 또는 '일급 기밀' 정부 자료에 접근할 수 있는 보안 허가를 받았다.[42] 선거 결과와 상관없이 이러한 국가기구는 궁극적으로 지배력을 발휘하고 미국의 외교 정책을 이끌 수 있으며, 이는 트럼프 행정부가 자체 외교 정책을 이행하지 못하는 동안 입증되었다.

미국 정치체제에서 극우 세력의 부상과
견제와 균형의 거짓된 본성

미국의 부르주아 엘리트 지배 계층과 중산층이 지닌 중국을 향한 적대감은 인종차별주의적 뿌리가 깊다. 트럼프 집

---

42 Congressional Research Service, "Security Clearance Process: Answers to Frequently Asked Questions," 2016년 10월 17일, https://crsreports.congress.gov/product/pdf/R/R43216.

권 4년은 포퓰리즘과 대안우파Alt-Right로 알려진 백인우월주의 우파 운동의 연합이 형성된 기간과 일치한다. 이 운동의 대변인인 스티븐 배넌Stephen Bannon이 백인 우월주의 웹사이트 〈브라이트바트 뉴스 네트워크〉의 전 회장이고 미국에서 가장 활발한 반중국 운동가 중 한 명이란 사실은 놀랍지 않다. 대안우파의 지지 기반은 중하층 계급이다. 즉, 대부분 연간 가구소득이 약 7만 5천 달러 정도인 백인층이다. 배넌과 심지어 트럼프 자신도 '백인 노동자 계급'으로부터 지지를 받는다고 자랑했지만, 그들의 주요 지지 기반은 사실 노동자 계급이 아니라 중하층 계급이다.

공화당은 이러한 네오파시스트 투표 연합을 창설해 선거에서 이익을 얻었다. 대안우파는 자본주의 거물을 추켜세우는 경향이 있으며 엘리트 계층에 합류하기 위해 신분 상승을 원한다. 한편 이 연합은 노동자 계급뿐만 아니라 그들이 부유해지는 길을 막는 엘리트주의적 정치, 문화 지도자를 혐오한다. 1951년, 저명한 미국 사회학자 C. 라이트 밀스는 미국 중산층의 특징을 다음과 같이 제시했다.

중산층은 후방 경비병이다. 단기적으로는 전전긍긍하며 명성을 쫓겠지만 장기적으로는 권력을 쫓을 것이다. 왜냐하면 결국 명성은 권력에 의해 결정되기 때문이다. 한편 정치라는 시장에서는 새로운 중산층이 팔리고 있다. 충분히 존경스럽고 강해 보이는 사람이라면 누구나 이런 중산층을 살 수 있다. 지금까지는 아무도 진지하게 입찰하지 않았더라도 그렇다.[43]

트럼프 정부는 악화하는 경제에 대한 중하층 계급의 분노를 중국으로 돌렸다. 미국 경제는 2008년 금융 위기에서 완전히 회복되지 않았고, 당시의 확장 통화 정책으로 대자본가가 막대한 이익을 얻자 노동자 계급과 중하층 계급은 큰 손해를 입었다. 트럼프는 백인우월주의, 인종차별적 자본주의, 거기에 중국이라는 적을 전면적으로 억압하기 위한 신냉전을 이용해 자신이 처한 상황에 분노하고 좌절한, 대변인을 절실히 필요로 했던 노동자 계급과 중하층 계급을 주요 투표층으로 동원했다.

오늘날, 중국을 향한 적대감은 미국 전역에 퍼져 있다. 주류 언론과 인터넷을 통해서 중국이 자유세계의 최대의 적이고 미국에 가장 큰 위협이라는 인상은 강화되는 반면, 이

---

43 C. 라이트 밀스, *White Collar: The American Classes* (New York: Oxford University Press, 1951), 353. [국역 《화이트칼라: 신중간계급 연구》, 강희경 역, 돌베개, 1998.]

위험한 경향에 반대하는 사람의 표현의 자유는 점점 더 제한되었다. 러시아와 중국의 관점을 인정하거나 이들 국가에 대한 미국의 외교 정책을 비판하면 강력한 대중의 비판을 받는다. 미국의 여론은 1950년대의 매카시즘 시대와 점점 닮아 가고 있으며, 어떤 면에서 사회 풍토가 1930년대 초 독일과 유사하다는 점은 걱정스럽기까지 하다.

외부인은 미국의 정치체제에서 견제와 균형 그리고 권력 분립의 실제 본성을 오해하기 쉽다. 사회 혁명 운동으로 탄생한 유럽의 헌법 개혁 역사와는 다르게 (노예 소유주를 포함해) 사유재산 소유자가 제정한 미국 헌법은 처음부터 사유재산 소유자의 권리를 다수의 폭도로부터 보호하기 위해 제정되었다. 오늘날에도 미국 헌법은 전통적인 부르주아의 사회적, 법적 권리 대부분의 해체를 용납한다.

원래 남부 노예 소유주와 작은 농촌 주의 이익을 지키기 위해 실시했던 선거인단과 같은 정책은 국민이 직접 대통령을 선출하는 권리(1인 1표)를 행사하지 못하도록 고안되었다. 헌법 개정을 매우 힘들고 어렵게 만들어 유지되는 이러한 비민주적인 체제 덕분에 아들 부시와 트럼프는 상대 후보보다 적은 표를 받았음에도 대통령으로 당선될 수 있었다. 결국 흑인, 여성, 무산계급까지 투표권은 확대되었지만 오늘날까지 참정권 박탈은 계속되고 있다. 2021년 기준 19개 주에서 5500만 유권자의 투표권을 제한할 수 있는 34개의 유권자 탄압법이 제정되었다.[44] 한편 비선출직으로 구성된 대법원은 투표권 법안을 뒤집고, 소수자 우대 정책을 폐지하고, 종교단체가 시민권을 박탈하도록 허용하는 권한을 가지고 있다.

시민연합Citizens United이라고 알려진 2010년 대법원 판결로 인해 개인과 기업의 선거 자금 지원 제한이 없어졌고, 선거는 재력을 겨루는 장이 되었다.[45] 2020년 대통령 선거, 의회 선거, 상원 선거에 총 140억 달러가 쓰였다.[46] 자금 경쟁 외에 심리-기술 경쟁도 있다. 다시 말해 소셜미디어와 행동경제학, 빅데이터를 기반으로 하는 설득력 있는 기술 도구가 선

---

44 Tony Eskridge and Shailly Gupta Barnes, "Quick Facts on Voting Rights," *Kairos Center*, 2022년 8월 9일 기준, https://kairoscenter. org/quick-facts-on-voting-rights/.

45 Ian Vandewalker, "Since Citizens United, a Decade of Super PACs," *The Brennan Center for Justice*, 2020년 1월 14일, https://www.brennancenter. org/our-work/analysis-opinion/citizens-united-decade-super-pacs.

46 Brian Schwartz, "Total 2020 Election Spending to Hit Nearly $14 Billion, More than Double 2016's Sum," *CNBC*, 2020년 10월 28일, https://www.cnbc.com/2020/10/28/2020-election-spending-to-hit-nearly-14-billion-a-record.html.

거 과정을 만드는 데 큰 역할을 한다. 또한 이러한 도구는 엄청나게 비싸기 때문에 정치를 부자만을 위한 배타적인 경기로 만들어 버린다. 2015년 미국 상원의원의 중위재산은 300만 달러를 넘어섰다.[47] 미국 정부는 국민이 견제하고 균형을 잡을 수 있는 정부가 아니다.

전쟁으로 갈 수밖에 없는가?

중국 주석으로 집권한 직후인 2014년, 시진핑은 오바마 당시 미국 대통령에게 "넓은 태평양은 중국과 미국 모두를 포용할 만큼 광대하다"고 말했다.[48] 힐러리 클린턴 당시 국무장관은 이러한 외교적 화해의 손길을 뿌리치며 이날 비공개 연설에서 미국이 태평양을 "미국해the American Sea"라고 부를

---

47 Dan Kopf, "The Typical Us Congress Member Is 12 Times Richer than the Typical American Household," *Quartz*, 2018년 2월 12일, https://qz.com/1190595/the-typical-us-congress-member-is-12-times-richer-than-the-typical-american-household/.

48 중화인민공화국 주미국 대사관, "Xi Jinping Holds Talks with President Barack Obama of the US," 2014년 11월 12일, http://us.china-embassy.gov.cn/eng/zmgx/zxxx/201411/t20141115_4909273.htm.

수 있다고 자랑하며 "미사일 방어로 중국을 포위하겠다"[49]고 위협했다. 2020년, 영국의 경제경영연구소Center for Economics and Business Research, CEBR는 중국이 2028년이면 미국을 제치고 세계 최대 경제 대국이 될 것으로 전망했고, 그렇게 2028년은 미국 엘리트 계층을 괴롭히는 시점이 되었다. 최근 몇 년 동안 미국의 외교 정책과 여론은 이 전망이 현실이 되기 전에 중국을 억제하기 위해 본격적인 전쟁을 벌일 준비에 집착했다. 우크라이나에서의 대리전을 이 본격적인 전쟁의 서막으로 볼 수 있다. 미국에서는 이미 전쟁 준비를 위한 이데올로기 동원이 한창이다. 신파시즘의 수레바퀴가 돌고 있고 매카시즘의 새로운 시대가 열렸다. 소위 민주 정치라고 불리는 것은 부르주아 엘리트 계층의 통치를 위한 위장일 뿐, 전쟁 기계에 제동을 걸지는 않을 것이다.

미국에는 1억 4천만 명에 달하는 노동자 계급과 빈곤층이 있으며 팬데믹 이전보다 600만 명 늘어난 1700만 명에 달하는 아이들이 기아로 고통받고 있다.[50] 이 계급의 일부는

---

49 William Gallo, "Clinton Says US Would 'Ring China With Missile Defense'," *Voice of America*, 2016년 10월 14일, https://www.voanews.com/a/clinton-says-us-would-ring-china-with-missile-defense/3550418.html.

50 Shailly Gupta Barnes, "Explaining the 140 Million: Breaking Down the

미국의 전쟁 정책을 이념적으로 지지하지만, 이는 그들의 이익과는 정면으로 모순된다. 즉, 거의 1조 달러에 가까운 국방 예산은 기후 변화와의 싸움뿐만 아니라 의료, 교육, 사회 기반시설, 기타 인권을 보장하기 위한 재정에서 나온다. 역사적으로 흑인과 페미니스트 운동과 같은 미국의 진보 단체들은 강한 반전 투쟁 정신을 지니고 있었고, 마틴 루터 킹 주니어 목사나 맬컴 엑스와 같은 지도자는 미국의 동남아시아 침략에 대해 국내에서 저항의 물결을 만들기 위해 용감히 싸웠다. 슬프게도, 오늘날 미국의 (전부는 아니지만) 일부 진보적인 지도자는 미국 정부의 반중국 운동에 도전하기를 꺼리거나 심지어 반중국 운동의 지지자가 되었다.

미국에서 공개적으로 나오는 중요한 도덕적 목소리가 있다. 그럼에도 신냉전에 반대하는 몇 안 되는 진보 단체들의 목소리가 중국 신장 위구르 자치구에서 벌어진 대량 학살을 정당화한다는 이유로 비난받는다는 점에 주목해야 한다. 미국의 정치체제는 사회에서 이러한 목소리를 무자비하게 소외시킨다.

Numbers Behind the Moral Budget," *Kairos Center*, 2019년 6월 26일, https://kairoscenter.org/explaining-the-140-million/; Save the Children, "Child Hunger in America," 2021년, https://www.savethechildren. org/us/charity-stories/child-hunger-in-america.

미국과 동맹국은 NATO를 통해 세계적인 군사 확장을 공격적으로 추진하고 있지만, 다수는 미국의 전쟁 책동을 반기지 않는다. 2022년 3월 2일, UN 총회에서 11차 긴급 특별회의가 열렸고, 세계 인구의 절반 이상을 차지하는 국가들은 〈우크라이나에 대한 공격〉이라는 제하의 결의안 초안에 반대하거나 기권했다. 한편 세계 인구의 85%를 차지하는 국가들은 미국이 주도하는 러시아에 대한 제재를 지지하지 않았다.[51] 전쟁을 확대하거나 연장하고 러시아와 중국과 분리를 강요하려는 미국의 시도는 대규모 경제 혼란으로 이어질 것이며 이는 미국의 통치에 상당히 부정적인 반응을 초래할 것이다. 심지어 인도나 사우디아라비아 같은 국가들도 러시아의 외환보유액을 동결하고 달러 패권을 강화하는 미국의 과도함을 매우 우려하고 있다. 마찬가지로 멕시코, 볼리비아, 온두라스, 엘살바도르, 과테말라 대통령은 쿠바, 베네수엘라, 니카라과가 배제되었다는 이유로 2022년 6월 로스앤젤레스에서 열린 미주정상회의에 참석하지 않았다. 라틴아메리카에서는 미국 지배에 대한 저항이 거세지고 있다. 그러나 UN과

---

51 No Cold War, "Briefing: The World Does Not Want a Global NATO," 2022년 7월 28일, https://nocoldwar.org/news/briefing-the-world-does-not-want-a-global-nato.

같은 국제기구가 실제로 미국의 전쟁 책동을 억제할 능력이 없다는 점을 주목해야 한다. 미국은 자국의 규칙에 기초한 국제질서를 제외한 다른 어떤 것도 거부한다.

미국에서 바이든 정부는 우크라이나에 대규모 군사지원을 통해 러시아를 최대한 약화하고 정권 교체를 위한 장기전을 만들고 있다. 또한 미국은 세 번의 중미 공동성명 정신에서 벗어난 다양한 방법으로 대만해협을 불안정하게 만들고 있다. 비록 미국은 강력한 군사력을 보유하고 있지만, 현재의 막강한 경제력은 지속적인 침체와 위기 상태에 빠져들고 있다.

존 로스의 연구가 보여주었듯, 미국의 경제 패권은 쇠퇴하고 있으며 중국이 경제 거물이 되어 이 패권을 종식시킬 수도 있을 것이다. 게다가 NATO 동맹국과 더불어 미국은 심각한 여러 경제적, 생태학적 어려움에 직면해 있다. 미국이 주도하는 전쟁은 이러한 문제를 악화시킬 것이다. 유럽에서는 전쟁으로 인한 인플레이션과 사회적으로 쓸모없는 군비 지출 증가로 저성장 또는 GDP 성장이 마이너스가 될 수밖에 없을지도 모른다. 미국의 끝없는 전쟁 추구로 기후 재앙이 악화되었다는 사실은 말할 것도 없을 뿐더러 미국은 기후 변화를 해결하기 위한 진정한 전략이 있는 척하는 것도 사실상 그만두었다. 아이러니하게도 경제적 디커플링에 대한 국내의 정치적 합의에도 불구하고, 미국 기업은 중국에 대한 주문을 계속 늘리고 있다. 즉, 실질적인 경제적 디커플링은 여전히 몽상으로 남아 있다.

그러나 미국이 그저 경제적으로만 무너지지는 않을 것이다. 전쟁, 제재, 경제적 디커플링을 위한 미국의 대공세는 계속해서 자국 경제를 해치고 세계 식량 공급망을 위태롭게 할 것이다. 이에 따른 세계적 사회불안은 결국 미국 경제를 더욱 약화할 것이고 증가하는 달러 패권에 대한 반대를 포함해 미국의 지배에 더 많은 도전이 생겨날 것이다.

중국의 비교적 안정적인 사회 통치 구조와 강력한 국방력, 평화 외교 전략, 미국 권력에 굴복하지 않는 저항은 양제츠楊潔篪 중국 국무위원의 표현대로 중국이 "힘이 있는 위치에서" 나아가게 하고, 결국 미국이 중국과 전쟁을 벌여 이길 수 있다는 환상을 포기하게 만들 수 있다.[52] 중국이 강력한 사회주의 주권국가로 남아 '인류의 공통된 미래를 가진 공동체 구축'이라는 개념과 글로벌 발전 이니셔티브Global Development

52 "China Says U.S. Cannot Speak from 'a Position of Strength'" *BBC News*, 2021년 3월 9일, https://www.bbc.com/news/av/world-56456021.

Initiative와 같은 글로벌 거버넌스를 위한 대안 정책을 지속해서 추진하는 것이 남반구의 이익에 부합한다고 생각한다. 세계 다수가 공통의 이익을 공유하는 이니셔티브인 브릭스BRICS 및 비동맹운동Non-Aligned Movement 같은 남반구의 실행 가능한 다자 간 프로젝트를 다시 활성화하기 위해 즉각적으로 행동해야 한다. 세계 대다수 인구가 살아가는 남반구에서 평화를 요구하고 전쟁에 반대해야 한다. 미국은 오만과 자만으로 선을 넘은 첫 번째 제국이 아니며 미국 역시 그 힘의 끝을 결국에는 보게 될 것이다.

21세기 생태와 평화 운동을 위한 '절멸주의에 관한 노트'

존 벨라미 포스터

영국의 위대한 역사가이자 마르크스주의 이론가, 《영국 노동계급의 형성》의 저자이며 유럽 비핵화 운동의 지도자였던 E. P. 톰슨은 1980년 〈문명의 최종 단계, 절멸주의에 관하여〉라는 혁신적인 에세이를 썼다.[1] 이후 세계는 상당히 많이 변했다. 그렇지만 생태 위기, 코로나19 팬데믹, 신냉전, 현재의 '혼돈'을 특징으로 하는 우리 시대의 주요 모순에 접근하는 출발점으로서 톰슨의 에세이는 여전히 유효하다. 현대 자본주의 정치 경제에 앞서 말한 모든 특징이 깊게 뿌리내리고 있으니 말이다.[2]

---

1 P. Thompson, "Notes on Exterminism, the Last Stage of Civilization," *New Left Review* 121 (1980): 3–31. 이 글에서 인용한 에세이는 E. P. 톰슨의 *Beyond the Cold War* (New York: Pantheon, 1982), 41–79에 실린 개정판에서 발췌했다. 추가 참조: Edward Thompson et al., *Exterminism and the Cold War* (London: Verso, 1982); E. P. Thompson and Dan Smith, ed., *Protest and Survive* (New York: Monthly Review Press, 1981).

2 Thompson, *Beyond the Cold War*, 55; Samir Amin, *Empire of Chaos* (New York: Monthly Review Press, 1992).

톰슨은 절멸주의라는 용어가 생명체의 멸종 그 자체를 뜻하는 게 아니라고 생각했다. 전 세계에서 핵전쟁이 벌어져도 어떤 형태로든 생명체는 남을 것이기 때문이다. 따라서 톰슨은 절멸주의를 생명체의 멸종보다는 아주 보편적인 관점에서 '우리 [현대] 문명의 절멸'로 향하는 경향성이라고 봤다. 그렇지만 절멸주의는 대량살상을 암시했고, '필연적으로 대중이 멸종하는 길로 가게 만드는 (경제, 정치, 사상 속에서 다양한 수준으로 표현된) 사회적 특성'을 구성하는 것으로 정의되었다.[3] 〈절멸주의에 관하여〉는 미국 의회에서 기후학자 제임스 핸슨James Hansen이 기후 변화에 관한 유명한 증언을 하고, UN 기후 변화에 관한 정부 간 협의체IPCC가 결성된 해인 1988년보다 8년 먼저 작성되었다. 따라서 톰슨은 핵전쟁에만 초점을 맞추어 절멸을 다루었고, 새로이 대두된 다른 현대 사회의 절멸 경향성(전 지구적 생태 위기)을 직접 언급하지는 않았다. 그렇지만 그의 관점은 사회생태학적 관점과 깊게 연관되어 있다. 그렇기에 현대 사회에서 절멸로 향하는 경향성은 '생명체로서 인간의 생존을 위한 필수 조건'과는 정반대되는 것으로 여겨지며, 사회적으로 평등하고 생태적으로 지속 가능한 세계를 만들기 위한 전 세계적인 투쟁을 요구한다.[4]

---

3 Thompson, *Beyond the Cold War*, 64, 73.

4 Thompson, *Beyond the Cold War*, 75–76.

1991년에 소련이 무너지고 냉전이 종식되면서, 2차 세계 대전 이후 세계에 드리웠던 핵무기의 위협이 사라진 듯 보였다. 따라서 그 이후 나타난 톰슨의 절멸주의에 관한 주장은 '대규모 절멸'의 주원인으로서 생태학적 위기를 중점으로 다루었다.[5] 그러나 지난 10년 사이 신냉전이 새로이 대두됨에 따라 세계는 다시금 핵무기를 사용한 인종청소의 위협을 걱정하게 되었다. 2014년 미국이 조장한 유로마이단 쿠데타와 이후 벌어진 우크라이나 내전(우크라이나 정부와 러시아계 인구가 많고 독립을 요구하는 돈바스 지역 간의 분쟁)에서 시작된 2022년 우크라이나 전쟁은 이제 러시아와 우크라이나 간 전면전으로 바뀌었다. 우크라이나 침공 3일 만인 2022년 2월 27일, 러시아는 NATO가 핵 사용 여부를 떠나 어떤 형태로든 전쟁에 직접 개입할 시 핵무기를 사용할 수 있음을 강력히 시사했다. 이에 따라 문제는 더욱 심각해졌다.[6] 주요 핵보유국 간의 세계 핵전쟁이 발발할 가능성은 냉전 이후 그 어느 때보다도 높아졌다.

---

5 Rudolf Bahro, *Avoiding Social and Ecological Disaster* (Bath: Gateway Books, 1994), 19–20; John Bellamy Foster, *Ecological Revolution* (New York: Monthly Review Press, 2009), 27–28; Ian Angus, *Facing the Anthropocene* (New York: Monthly Review Press, 2016), 178–81.

6 현재 우크라이나 전쟁에 이르기까지의 사건 개요를 보려면 The Editors, "Notes from the Editors," *Monthly Review* 73, no. 11 (2022년 4월)을 참조하기 바란다.

따라서 절멸주의로 나아가는 다음 두 가지 경향성을 해결하는 것이 중요하다. 하나는 전 지구적 생태 위기(과학계에서 지구가 인류의 안전한 터전이 되는 데 필수 조건이라고 정의한 '지구위험한계선Planetary Boundaries' 중 기후 변화뿐만 아니라 나머지 8개 지표[7]의 임계점 돌파 포함)다. 그리고 다른 하나는 전 세계 핵전쟁 위협의 증가다. 전 세계 인류의 존재를 위협하는 이 두 가지 경향성의 변증법적 연관성을 이해하려면 핵으로 인한 절멸 경향성의 역사적 맥락을 오늘날의 관점에서 이해해야 한다. 세계의 관심이 다른 곳으로 쏠린 가운데 수십 년간 미국의 1강 체제가 유지되면서 상황이 변했기 때문이다. 냉전이 끝난 지도 30년이나 지났고 되돌리기 힘든 기후 변화가 눈앞에 보이는 상황인데도 어찌하여 전 세계 핵전쟁 위협이 다시금 도사리게 되었는가? 이 두 가지 상호 연관된 존재론적 위협에 맞서려면 평화와 환경 운동 진영이 어떤 접근법을 취해야 하는가? 이런 질문에 답하려면 핵겨울, 대군사counterforce 전략, 세계 핵무기 패권을 장악하려는 미국의 시도 등을 먼저 이해해야 한다. 그래야 재앙과도 같은 현대 자

---

7 [옮긴이] 생물다양성 감소, 질소와 인 과잉 공급, 삼림 파괴, 해양 산성화, 담수 사용, 오존층 파괴, 대기 에어로졸, 합성 화학물질 따위의 신물질을 말한다.

본주의가 인류에 가하는 전 세계적 위협을 다각적인 차원에서 이해할 수 있기 때문이다.

핵겨울

1983년 미국과 소련의 여러 대기과학자 그룹은 핵전쟁이 '핵겨울'로 이어질 것이라는 내용의 연구 결과를 주요 과학지에 발표했다. 이 발표가 이뤄진 시기의 정세를 보면, 로널드 레이건 정부가 핵무기 증강에 한창이었고 전략방위구상 SDI(스타워즈Star Wars라고도 함)과 핵무기로 인한 아마겟돈이 발생할 위협이 증가하고 있었다. '핵겨울'을 발표한 과학자들은 세계 핵전쟁으로 수백 개의 도시가 불탈 것이고, 연기와 그을음이 대기로 방출되어 태양복사열을 차단하여 지구 평균온도가 심각하게 낮아질 것이라고 주장했다. 기후는 지구온난화에서 지구 한랭화로 훨씬 급격하게 전환되어 전 세계가 빠르게 한랭화되면서 불과 몇 개월 안에 세계(최소 북반구 전체)의 기온이 수 도에서 '수십 도' 떨어질 것이고, 이것이 지구상의 모든 생명체에 끔찍한 결과를 안겨 준다는 것이다. 수천만 혹은 수십억 인구가 세계 핵전쟁의 직접적인 영향으로 사망하겠지만 기아로 인한 간접적인 영향은 그보다 더 파괴적일 것이다. 핵폭탄의 화마에 휩쓸리지 않은 사람을 포함하여 인류 대부분이 사망하게 될 수 있기 때문이다. 핵겨울 이론은 당시의 핵무장 경쟁에 큰 충격을 주었고 미국과 소련을 벼랑 끝에서 한발 물러나게 했다.[8]

그렇지만 미국 지배층은 핵겨울 모델을 핵무기 업계와 국방부, 특히 스타워즈 프로그램을 겨냥한 것으로 보았다. 따라서 핵겨울 모델은 역사상 가장 큰 과학 논쟁거리가 되었다. 그렇지만 주된 쟁점은 과학보다는 정치적인 데 있었다. 이 모델의 과학적 근거에 관해서는 큰 이견이 없었기 때문이다. 미국 항공우주국NASA 과학자들이 만든 초기 핵겨울 모델이 너무 단순하다는 주장이 있었고 원래 예상했던 것보다 영향을 축소했기에 핵겨울이라기보다 '핵가을' 정도밖에 되지 않는다는 지적도 있었다. 그렇지만 핵겨울 이론은 여러 과학 모델을 통해 끊임없이 입증되었다.[9]

---

8 Stephen Schneider, "Whatever Happened to Nuclear Winter?," *Climatic Change* 12 (1988): 215; Matthew R. Francis, "When Carl Sagan Warned About Nuclear Winter," *Smithsonian Magazine*, 2017년 11월 15일; Carl Sagan and Richard Turco, *A Path Where No Man Thought: Nuclear Winter and the End of the Arms Race* (New York: Random House, 1990), 19–44.

9 Malcolm W. Browne, "Nuclear Winter Theorists Pull Back," *New York Times*, 1990년 1월 23일.

핵겨울 이론에 대한 대중과 정치 지도자의 반응으로 핵무기 해체에 강력한 힘이 실리고 이것이 핵무기 통제와 냉전 종식에 영향을 미치자, 곧 미국에서 핵전쟁을 획책하는 군, 정치, 경제계 권력들이 반격에 나섰다. 여러 정치 세력과 함께 기업 언론도 이에 가세하여 핵겨울 이론을 깎아내리는 여러 캠페인이 전개되었다.[10] 2000년에는 유명 과학지 《디스커버Discover》가 핵겨울 이론을 '지난 20년간 있었던 과학계의 가장 큰 실수 20가지' 중 하나로 꼽을 정도였다. 그러나 《디스커버》가 근거로 들었던 내용은 기껏해야 1980년대에 핵겨울 연구에 참여했던 주요 과학자들이 1990년에는 한발 물러서서 세계 핵전쟁으로 인한 평균온도 감소가 당초 예상했던 것보다 덜할 것이며, 북반구에서는 평균온도가 최대 약 20도 정도 떨어지는 데 그칠 것이라고 이야기했다는 정도다. 그런데 문제는 그렇게 수정된 수치도 지구 전체로 보면 재앙이라는 점이다.[11]

과학 역사상 기후 변화 부정론을 뛰어넘은 최대의 부정

---

10 Steven Starr, "Turning a Blind Eye Towards Armageddon—U.S. Leaders Reject Nuclear Winter Studies," *Public Interest Report* (Federation of American Scientists) 69, no. 2 (2016–17): 24

11 Judith Newman, "20 of the Greatest Blunders in Science in the Last 20 Years," *Discover*, 2000년 1월 19일

론이라 할 수 있는 핵겨울 부정론에서 공공 영역과 군대는 기존 예측이 '과장'되었다는 이유로 핵겨울의 과학적 근거를 대부분 무시했다. 그리고 오늘날까지 지난 수십 년간 지배층은 이 과장론을 활용하여 핵전쟁의 전체 영향을 축소했다. 펜타곤 자본주의에서 핵겨울을 부정하는 것은 현실적인 이유 때문이다. 핵겨울과 관련한 과학적 근거를 인정하면 '승리할 수 있는' 핵전쟁 또는 최소한 자기 편이 '우세한' 핵전쟁을 목표로 한 전략이 타당성을 잃게 된다. 대기에 미치는 영향을 고려하면, 핵전쟁이 벌어지는 곳만 파괴되는 것이 아니라 세계 핵전쟁이 발발하고 수년 만에 상상을 초월하는 효과로 극히 일부를 제외하고 모든 것이 파괴되기 때문이다. 그리고 이는 상호확증파괴Mutual Assured Destruction, MAD로 예상되는 피해를 가뿐히 뛰어넘는다.

어찌 보면 핵전쟁을 획책하는 이들은 언제나 핵전쟁으로 인한 재앙을 경시했다. 대니얼 엘스버그Daniel Ellsberg는 저서 《둠스데이 머신The Doomsday Machine》[12]에서 미국 전략 분석가들이 "핵겨울 이론이 나오기 전부터" 전면적인 핵전쟁 발발 시

---

12 [옮긴이] 둠스데이 머신은 지구상의 모든 생명체와 지구를 파멸시킬 수 있는 무기/기계 등을 말하는데, 수소폭탄을 가리키는 경우가 많다. 대니얼 엘스버그는 책에서 1960년대부터 지금까지 이어지는 미국의 핵정책을 폭로한다.

예측되는 "사망자 수"를 애초부터 "기가 막힐 정도로 과소평가"했다고 말했다. 파괴 정도를 예측하기가 너무 어렵다는 말도 안 되는 이유를 들어 핵폭발 후 도심 인구 대다수에 큰 피해를 줄 불기둥을 분석에서 의도적으로 배제했기 때문이다.[13] 엘스버그는 다음과 같이 서술했다.

이미 1960년대에도 핵무기로 인한 불기둥이 핵전쟁에서 사망자를 가장 많이 내리라는 점이 예측되었다…. 또한 그 누구도 알지 못했던 사실은… [쿠바 미사일 위기 이후 21년 정도 지나서 첫 번째 핵겨울 연구가 발표되기까지] 우리가 계획했던 첫 번째 공격이 간접적으로 나머지 인류 3분의 2를 심각하게 위협한다는 것이었다. 이 위협은 우리가 도시 공격에서 간과했던 또 하나의 요인, 즉 연기에서 비롯했다. 실제로 [합동]참모[본

---

13 Daniel Ellsberg, *The Doomsday Machine: Confessions of a Nuclear War Planner* (New York: Bloomsbury, 2017), 140. 미국 국방부는 오래전부터 도시 대상 핵공격에서 가장 큰 사망 원인인 불기둥으로 인한 사망을 예측에서 제외했다. 미국 국방부가 2008년 공개한 핵무기 보유 및 관리 실전 가이드에는 도시에서 핵무기가 폭발했을 때 미치는 영향을 20페이지 넘게 서술하고 있지만, 거기에 폭발로 인한 불기둥에 관한 내용은 단 한 줄도 없다. 이와 관련해서는 다음을 참조하기 바란다. 미국 국방부, *Nuclear Matters: A Practical Guide* (Washington: Pentagon, 2008), 135–58.

뷔와 기획가들이 불기둥을 무시하면서, 이에 따라 발생하는 연기도 예측에서 무시되었다. 일반 화재(아주 큰 화재)로 인한 연기는 인간 생존에 그렇게 위협적이지 않다. 그런 연기는 대기층의 아랫부분에 머물며 비로 씻겨 내려가기 때문이다. 문제는 우리가 노리는 도시에서 핵무기가 만들어 낼 불기둥으로 인한 연기가 대기층의 윗부분으로 올라갔을 때다.

핵무기로 인한 여러 개의 불기둥은 격렬한 상승기류를 만들어 수백만 톤의 연기와 그을음을 성층권으로 밀어 올릴 것이다. 그렇게 되면 비로도 씻겨 내려가지 않고 빠르게 지구 전체를 뒤덮어 10년 이상 햇빛이 지구로 도달하지 못하게 막는 담요가 된다. 그러면 지구로 전달되는 햇빛이 줄고 전 세계적으로 기온이 떨어져 모든 작물이 사라지고 모두는 아니겠지만 거의 모든 인간(그리고 식물을 주식으로 하는 동물 등)이 굶어죽게 될 지경에 이를 것이다. 핵폭발의 모든 직접적인 영향을 거의 받지 않고 낙진 피해도 없는 남반구 인구도 유라시아(합참에서도 직접적인 영향권이라고 이미 판단한다), 아프리카, 북미가 파괴된 것처럼 거의 파괴될 것이다.[14]

---

14 Ellsberg, *The Doomsday Machine*, 141–42.

또한 엘스버그는 기존 핵겨울 이론에서 후퇴한 것보다 더욱 심각한 사실은 따로 있다고 지적했다. 핵겨울 이론이 나오고도 수십 년간 미국과 러시아의 핵 기획가들이 "수백 기의 핵무기를 도시 근처에서 터뜨리는 '선택지'를 계속해서 고려하고 있다. 이렇게 되면 그을음과 연기를 성층권 상층부로 밀어 올려 [핵겨울로] 우리 자신을 포함한 지구상의 거의 모두를 굶어죽게" 된다는 것이다.[15]

기존 핵겨울 연구가 틀렸다는 것이 입증된 적은 없으며 1980년대 초반보다 훨씬 정교해진 컴퓨터 모델에 기반한 21세기 핵겨울 연구에 따르면 기존 모델에서 상정했던 것보다 훨씬 낮은 수준의 핵전쟁으로도 핵겨울이 촉발될 수 있다고 한다. 이를 고려하면 둠스데이 머신에 내재한 현실부정denialism(펜타곤 자본주의에 깔린 절멸주의를 향한 갈망)은 훨씬 심각한 문제다.[16] 새로운 연구 결과의 중요성은 《디스커버》에도 잘 나타난다. 지난 20년간 있었던 '과학계의 가장 큰 실수 20가지' 중 하나로 핵겨울을 선정한 지 불과 7년 만인

---

15 Ellsberg, *The Doomsday Machine*, 18, 142.

16 Owen B. Toon, Allan Robock, and Richard P. Turco, "Environmental Consequences of Nuclear War," *Physics Today* (2008): 37–42; Alan Robock and Owen Brian Toon, *Local Nuclear War, Global Suffering* (New York: Scientific American, 2009).

2007년에 《디스커버》는 기존 기사를 부인하는 〈핵겨울의 귀환〉이라는 제하의 기사를 실었다.[17]

핵확산을 계기로 수행된 많은 최신 연구에 따르면, 인도와 파키스탄의 가상 핵전쟁에서 15킬로톤(히로시마 규모)의 원자폭탄 100기를 사용하면 직접적인 여파로 2차 세계대전 당시 사망자 수와 맞먹는 규모의 사망자가 발생한다. 게다가 오랜 기간 전 세계가 기아에 시달리게 되고 이로 인한 사망자가 발생한다. 원자 폭발이 일어나면 곧바로 면적이 약 7.77제곱킬로미터에서 13제곱킬로미터에 달하는 불기둥이 여러 개 생길 것이다. 도시가 불타면서 5백만 톤에 달하는 연기가 성층권에 유입되고 이 연기는 2주 안에 전 지구를 뒤덮을 것이다. 이런 연기는 빗물에도 씻겨 내려가지 않고 10년 넘게 남아 있을 가능성도 있다. 이에 따라 햇빛이 차단되면서 전 세계적으로 식량 생산량이 20~40%가량 줄어들게 된다. 성층권의 연기층이 복사열을 흡수하면서 연기의 온도는 물의 끓는점까지 뜨거워지게 된다. 그러면 인간이 사는 곳의 오존층이 20~50퍼센트 줄어들어 인류 역사상 유례없는 정도로 자외선이 증가하게 된다. 이 경우 피부가 흰 사람은 햇빛에 6분 정도만 노출되어도 심각한 화상을 입을 것이고 피부암

17 Emily Saarman, "The Return of Nuclear Winter," *Discover*, May 2, 2007.

발병률도 급격하게 늘어날 것이다. 게다가 20억 명이 기아로 사망하게 될 것이다.[18]

2007년부터 현재까지 주요 과학지에서 상호 검토를 거친 후 게재된 핵겨울 연구에 따르면 피해는 그뿐만이 아니다. 이런 연구에서는 5대 핵보유국(미국, 러시아, 중국, 프랑스, 영국) 간의 전 세계적인 핵전쟁이 발생하면 어떤 결과가 일어날지도 살펴보았다. 그 결과 세계 핵무기의 대부분을 보유한 미국과 러시아만 해도 히로시마 원자폭탄의 7~8배(1950년대와 1960년대에 개발된 이래로 개발이 중단된 핵무기 중에는 히로시마 원자폭탄보다 1천 배는 강력한 것도 있다)에 달하는 폭발력을 갖춘 수천 기의 전략 핵무기를 보유하고 있다. 이런 전략 핵무기가 하나라도 도시를 타격하는 날에는 약 233제곱킬로미터에서 394제곱킬로미터에 달하는 면적의 불기둥을 초래할 것이다. 과학자들의 계산에 따르면 전면적인 세계 핵전쟁으로 발생한 불이 1억 5천~1억 8천 톤의 블랙 카본[19] 그

---

18 Starr, "Turning a Blind Eye Toward Armageddon," 4–5; Alan Robock, Luke Oman, and Geeorgiy L. Stenchikov, "Nuclear Winter Revisited with a Modern Climate Model and Current Nuclear Arsenals: Still Catastrophic Consequences," *Journal of Geophysical Research* 112 (2007) (D13107): 1–14.

19 [옮긴이] 화석연료가 불완전연소할 때 먼지나 분진, 검은 그을음 등 고형입자 형태로 배출되는 탄소.

을음과 연기를 성층권으로 밀어 올릴 것이고, 이 연기와 그 을음은 20~30년이 지나도 사라지지 않으며 북반구에 도달하는 태양열을 최대 70%, 남반구는 최대 35%까지 차단한다. 한낮의 태양은 한밤의 보름달처럼 보이게 될 것이다. 그리고 1~2년간, 북반구 주요 곡창지대의 경우에는 그보다 오랜 기간 세계 평균온도가 매일 0도를 밑돌 것이다. 마지막 빙하기 때보다 평균온도가 더 낮아지게 되는 것이다. 농업이 가능한 지역에서는 10년 넘게 작물이 성장할 수 있는 시기가 도래하지 않을 것이고 강우량은 최대 90%까지 감소할 것이다. 그러면 인류 대부분이 기아로 사망하게 될 것이다.[20]

　　랜드코퍼레이션RAND Corporation의 물리학자 허만 칸Herman Kahn은 1960년 펴낸 《핵전쟁에 관하여On Thermonuclear War》에서 '둠

20 Starr, "Turning a Blind Eye Toward Armageddon," 5–6; Robock, Oman, and Stenchikov, "Nuclear Winter Revisited"; Joshua Coupe, Charles G. Bardeen, Alan Robock, and Owen B. Toon, "Nuclear Winter Responses to Nuclear War Between the United States and Russia in the Whole Atmosphere Community Climate Model Version 4 and the Goddard Institute for Space Studies ModelE," *Journal of Geophysical Research: Atmospheres* (2019): 8522–43; Alan Robock and Owen B. Toon, "Self-Assured Destruction: The Climate Impacts of Nuclear War," *Bulletin of the Atomic Scientists* 68, no. 5 (2012): 66–74; Steven Starr, "Nuclear War, Nuclear Winter, and Human Extinction," *Federation of American Scientists*, 2015년 10월 14일.

스데이 머신'이라는 개념은 핵전쟁이 일어났을 때 지구상의 모든 인간을 죽이는 것을 말한다고 했다.[21] 칸은 그런 기계를 만드는 것을 옹호하지도 않았을 뿐더러 미국이나 소련이 이를 개발했다거나 개발할 것이라고 주장하지도 않았다. 그저 핵전쟁으로 아무도 살아남을 수 없게 만드는 메커니즘이 모두를 억제하는 완전하고 확실한 방법이며, 핵전쟁이라는 선택지를 없애는 저렴한 대안이라고 했을 뿐이다. 전직 핵 전략가였던 엘스버그는 핵겨울 모델을 개발한 과학자 칼 세이건과 리처드 터코Richard Turco와 마찬가지로 오늘날 주요 핵보유국이 가진 전략 핵무기가 폭발하게 되면, 이것이 실질적인 둠스데이 머신으로 작동한다고 주장했다. 이런 둠스데이 머신은 한번 작동하면 지구상의 모든 인구를 직간접적으로 파멸시킬 것이 분명하다.[22]

---

21 Herman Kahn, *On Thermonuclear War* (New Brunswick, NJ: Transaction Publishers, 2007), 145–51.

22 Ellsberg, *The Doomsday Machine*, 18–19; Sagan and Turco, *A Path Where No Man Thought*, 213–19. 여기서 말하는 둠스데이 머신과 스탠리 큐브릭의 영화 〈닥터 스트레인지러브〉에 나오는 둠스데이 머신을 혼동해서는 안 된다. 그렇지만 큐브릭의 영화 또한 칸의 개념을 가져온 것이고, 현대 핵무기 현실에서 둠스데이 머신이 갖는 중요성도 그대로 보여준다. 더 자세한 내용은 다음을 참조하라. Ellsberg, *The Doomsday Machine*, 18–19.

대군사 전략 그리고 핵우위를 향한 미국의 야욕

소련이 미국과 핵균형nuclear parity을 이루었던 1960년대부
터 소련이 붕괴하던 날까지, 냉전 시기 미국과 소련의 핵전
략은 주로 상호확증파괴MAD에 바탕을 두었다. 이 원칙은 수
백만 명이 사망하는 것을 비롯하여 양국이 완전히 파괴될
가능성을 가리키는 개념으로 핵균형이라고도 한다. 그러나
핵겨울 연구에서 나타나듯이 전면적인 핵전쟁의 여파는 양
국에만 미치는 것이 아니다. (다른 생물종 대부분을 비롯하여)
모든 인류가 지구상에서 멸종되는 지경에 이를 것이다. 그런
데도 소련보다 훨씬 많은 자원을 보유하고 있던 미국은 핵
겨울이라는 경고를 무시했다. 이는 냉전 초기 미국이 절대적
인 핵무력을 자랑하던 것처럼 상호확증파괴MAD를 뛰어넘는
'핵우위'를 달성하기 위함이었다. 핵우위는 핵균형의 반의어
로 '보복 공격 가능성을 제거'하는 것을 말한다. 이는 다른 말
로 '선제 타격 능력'이라고도 한다.[23] 이런 맥락에서 미국의
공식적인 방위 태세에 핵 보유/비보유 국가를 선제 타격할
가능성이 꾸준히 포함되고 있다는 점을 눈여겨보아야 한다.

---

23 Keir A. Lieber and Daryl G. Press, "The Rise of U.S. Nuclear Primacy,"
  Foreign Affairs (2006), 44.

저명한 미국의 전략 기획가인 칸은 둠스데이 머신이라는 개념을 도입한 것과 함께 대가치countervalue와 대군사라는 용어를 만들었다.[24] 대가치란 적의 도시, 민간인, 경제를 표적으로 삼는 것을 말하며, 완전한 파괴를 목표로 하므로 상호확증파괴MAD로 이어진다. 이와 달리 대군사는 적의 핵무기 시설을 표적으로 삼아 보복을 방지한다는 개념이다.

존 F. 케네디 정부의 로버트 맥나마라 국방부 장관이 대군사 전략을 처음 도입했을 때는 이 전략을 민간인보다는 적의 핵무기를 타격하는 데 중점을 두어 '도시'는 공격하지 않는 것으로 생각했다. 그리고 이 전략의 도입 이후 대군사 전략이라는 이름으로 공격이 잘못 정당화되는 경우도 있었다. 맥나마라는 곧 대군사 전략의 오류를 파악했다. 대표적인 오류가 바로 이 전략 때문에 핵우위를 달성(또는 부인)하는 방향으로 핵무장 경쟁이 촉발된다는 것이었다. 게다가 도시 공격을 포함하지 않는 '선제적' 대군사 타격이라는 개념은 애당초 잘못된 것이었다. 표적에는 도심의 핵 사령부도 포함되기 때문이다. 따라서 맥나마라는 대군사 전략 노선을 즉각 폐기하고 유일한 핵억제 정책으로 생각한 상호확증파

24 Sagan and Turco, *A Path Where No Man Thought*, 215.

괴MAD 기반 핵전략을 지지했다.[25]

이것이 바로 1960년대와 1970년대에 지배적이었던 미국의 핵전략인데, 소련과의 핵균형 및 상호확증파괴MAD 실현 가능성을 수용한 것이 특징이다. 그러나 이런 핵균형은 지미 카터 정부 말기에 무너지고 만다. 1979년에 미국은 NATO의 무장을 강화하여 소련의 핵무기를 대상으로 하는 대군사 무기인 핵 순항미사일과 퍼싱Pershing II 미사일을 유럽에 배치하도록 했다. 이 결정으로 유럽에서 반핵 운동이 일어났다.[26] 이후 로널드 레이건 정부에서는 본격적으로 대군사 전략을 채택했다.[27] 레이건 정부는 미국 본토 방어가 가능한 포괄적인 탄도탄 요격 미사일 시스템을 개발할 목적으로 스타워즈를 도입했다. 이 프로그램은 비현실적이라는 이유로 결국 폐기되었지만 이후 다른 탄도탄 요격 미사일 시스템 개발로 이어졌다.[28] 또한 레이건 정부 시절 미국은 (나중에 피스키퍼

---

25 John T. Correll, "The Ups and Downs of Counterforce," *Air Force Magazine*, 2005년 10월 1일; Ellsberg, *The Doomsday Machine*, 120–23, 178–79.

26 Harry Magdoff and Paul M. Sweezy, "Nuclear Chicken," *Monthly Review* 34, no. 4 (1981년 9월): 4; Richard J. Barnet, "Why Trust the Soviets?," *World Policy Journal* 1, no. 3 (1984): 461–62.

27 Correll, "The Ups and Downs of Counterforce."

28 Steven Pifer, "The Limits of U.S. Missile Defense," *Brookings Institution*, 2015년 3월 30일..

Peacekeeper라는 이름으로 더 유명해진) MX 미사일 개발을 추진했고, 이를 소련 미사일이 발사되기 전에 무력화할 수 있는 대군사 무기로 여겼다. 이런 무기는 선제 타격만으로도 소련 군사력의 중추를 '무력화'할 뿐만 아니라 선제 타격 후 그나마 남은 소련 미사일을 탄도탄 요격 미사일로 요격할 수 있을 정도로 위협적이었다.[29] 대군사 무기는 정확성이 필수다. '대가치' 공격에서처럼 도시를 파괴하는 무기가 아니라 강화 미사일 격납고, 이동형 지상용 미사일, 핵잠수함, 사령부 등을 정밀 타격하기 때문이다. 미국은 바로 이 대군사 무기 부문에서 기술 우위를 점했다.

1979년부터 핵탄두 장착 미사일 발사 시스템을 유럽에 배치하기 시작하면서 촉발된 주요 핵무장 경쟁은 1980년대에 유럽과 미국에서 엄청난 핵전쟁 반대 시위를 불러일으켰다. 그리고 톰슨은 절멸주의 이론을, 과학계에서는 핵겨울 이론을 발표했다. 그렇지만 군비통제협회Arms Control Association의 잔느 놀런의 말을 빌리자면, 오늘날에도 핵우위를 위한 "대군사 전략은 미국 핵전략에서 신성불가침의 원칙"이다.[30]

---

29 Cynthia Roberts, "Revelations About Russia's Nuclear Deterrence Policy," *War on the Rocks* (Texas National Security Review), 2020년 6월 19일; Correll, "The Ups and Downs of Counterforce."

30 Janne Nolan, Correll이 인용, "The Ups and Downs of Counterforce."

1991년 소련이 붕괴하고 냉전이 종식되면서, 이듬해인 1992년 2월 폴 월포위츠 국방부 차관이 발표한 《국방 정책 지침》을 시작으로 미국은 유일한 강대국이라는 지위를 활용하여 전 세계에서 미국의 우위를 공고화하는 계획에 즉각 착수했다.[31] 이 지침의 목적은 이전에 소련의 영향권 아래 있던 지역에서 서구의 지정학적 지배력을 확장하여 러시아가 다시금 강대국으로 부상하는 것을 막는 것이었다. 이와 동시에 비핵화 기류가 형성되고 보리스 옐친이 이끄는 러시아의 핵무장이 약화됨에 따라 미국은 핵무기의 '현대화'에 나섰다. 기존 핵무기를 기술적으로 진보한 전략 핵무기로 교체함으로써 억지력을 높이기보다는 핵우위를 점하고자 했던 것이다.[32]

냉전 이후의 세계에서 대군사 무기를 통한 미국의 핵우위 추구 노선은 당시 핵정책 논쟁에서 '최대주의' 전략으로 알려졌다. 그리고 이는 상호확증파괴MAD에 기반한 '최소주의' 전략을 지지하는 사람들의 반대에 부딪혔다. 결국 최대주의론이 이겼고 우크라이나를 지정학적, 전략적 축으로 삼

---

31 "Excerpts from Pentagon's Plan: Preventing the Re-emergence of a New Rival," *New York Times*, 1992년 3월 8일.

32 Lieber and Press, "The Rise of U.S. Nuclear Primacy," 45–48.

는 NATO의 확장과 절대적인 핵우위와 선제 타격 능력을 골자로 하는 미국의 최대주의 노선으로 세계질서가 새로이 개편되었다.[33]

2006년, 키어 A. 리버Keir A. Lieber와 대릴 G. 프레스Daryl G. Press는 외교관계위원회Council of Foreign Relations의 대표 저널인 《포린 어페어스》에 〈미국 핵우위의 부상The Rise of U.S. Nuclear Primacy〉이라는 유명한 글을 게재했다. 이 글에서 리버와 프레스는 미국이 선제 타격 능력이나 "핵우위를 획득할 문턱"에 있다고 주장했다. 그러면서 이것이 냉전 이후부터 미국이 노렸던 것이라고 했다. 그들의 말을 빌려 보면, "증거에 따르자면 미국은 사실 핵우위를 의도적으로 추구했다."[34]

미국이 이런 선제 타격 능력을 갖출 수 있게 된 것은 냉전 이후 가속화한 핵무기 현대화에 따라 새로운 핵무기를 개발했기 때문이다. 핵 순항미사일, 바다 건너까지 미사일을 발사할 수 있는 핵잠수함, 저공비행이 가능하며 핵 순항미사

---

33 Richard A. Paulsen, *The Role of U.S. Nuclear Weapons in the Post-Cold War Era* (Maxwell Air Force Base, Alabama: Air University Press, 1994), 84; Michael J. Mazarr, "Nuclear Weapons After the Cold War," *Washington Quarterly* 15, no. 3 (1992): 185, 190–94; Zbigniew Brzezinski, *The Grand Chessboard* (New York: Basic Books, 1997), 46.

34 Lieber and Press, "The Rise of U.S. Nuclear Primacy," 43, 50.

일과 핵 중력탄을 탑재할 수 있는 B-52 스텔스 폭격기 등의 무기는 러시아나 중국의 방어를 더욱 효과적으로 무력화할 수 있다. 더욱 정교해진 대륙간탄도미사일은 강화 미사일 격납고를 완전히 없애 버릴 수 있다. 이동형 지상용 미사일과 핵잠수함의 추적과 파괴는 감시 기술의 발달로 더욱 쉬워졌다. 미국이 핵잠수함에 도입한 트라이던트Trident-II(D-5) 미사일은 더욱 정교해짐과 동시에 강화 격납고에 사용할 목적으로 더 큰 핵탄두를 장착했다. 미국이 선도적인 기술력을 자랑하는 고급 원격 탐지 기술 덕분에 이동형 지상용 미사일과 핵잠수함 탐지 능력이 더욱 개선되었다. 또한 다른 핵보유국의 인공위성을 타격하는 능력은 다른 핵보유국의 핵미사일 발사 역량을 약화 또는 제거할 수 있다.[35]

NATO에 최근 가입한 국가나 러시아 인접 국가에 전략 무기를 배치하면 핵무기가 모스크바나 다른 러시아 내 표적을 공격하는 시간을 단축하여 러시아 정부가 대응할 시간을 주지 않을 것이다. 또한 미국이 폴란드와 루마니아에 배치한 이지스Aegis 탄도미사일 방어시설은 핵무기가 탑재된 토마호크 순항미사일을 발사할 수 있는 공격 무기가 될 수 있다.[36]

---

35 Lieber and Press, "The Rise of U.S. Nuclear Primacy," 45.

36 Jack Detsch, "Putin's Fixation with an Old-School U.S. Missile

미국의 선제 타격 이후 보복 공격을 막는 데 유용한 핵미사일 방어시설은 선제 타격의 피해를 받지 않고 발사된 미사일을 격추할 수 있다. 그러나 이런 탄도탄 요격 미사일 시스템은 선제 타격 앞에서는 무용지물이다. 미사일과 유인물 수에 압도될 것이기 때문이다. 게다가 최근 수십 년간 미국은 정밀도가 높은 비핵 항공 무기를 많이 개발했고, 인공위성을 활용한 정밀 표적 설정을 통해 대군사 전략상 핵무기에 견줄 만한 적의 미사일이나 사령부를 표적으로 하는 대군사 공격에 이런 무기를 사용하고 있다.[37]

리버와 프레스가 2006년에 쓴 글에 따르면 "중국이 향후 10년 이내에 [미국의 공격을 견디고] 살아남을 수 있을 정도의

Launcher," *Foreign Policy*, 2022년 1월 12일; Jacques Baud (인터뷰), "The Policy of USA Has Always Been to Prevent Germany and Russia from Cooperating More Closely," *Swiss Standpoint*, 2022년 3월 15일; Starr, "Turning a Blind Eye Toward Armageddon." 에스토니아는 이스라엘이 공급한 순항미사일을 보유하고 있다. David Axe, "Estonia's Getting a Powerful Cruise Missile. Now It Needs to Find Targets," *Forbes*, 2021년 10월 12일. 또한 러시아는 퍼싱 II 중거리 탄도미사일이 유럽에 재배치될 가능성을 우려하고 있다.

37 Jaganath Sankaran, "Russia's Anti-Satellite Weapons: An Asymmetrical Response to U.S. Aerospace Superiority," *Arms Control Association*, 2022년 3월.

핵억지력을 갖출 가능성은 적다." 그리고 미국의 대규모 선제 타격에 맞서 러시아의 핵억지력이 얼마나 버틸 수 있을지도 미지수다. 리버와 프레스는 "우리의 분석 결과는 심각하다. 러시아의 지도자들이 더 이상 살아남을 수 있을 정도의 핵억지력에 의존하지 않는다는 것이다"라고 썼다. 그들이 쓴 것처럼 미국은 "전통적인 무기와 핵무장 등 현대 군사 기술의 모든 면에서 우위를 점하고자" 했다. 이를 '확전우위'라고도 부른다.[38]

---

38 Lieber and Press, "The Rise of U.S. Nuclear Primacy," 48–49, 52–53; Karl A. Lieber and Daryl G. Press, "The New Era of Counterforce: Technological Change and the Future of Nuclear Deterrence," *International Security* 41, no. 4 (2017). 중국이 추구하는 핵억지력의 핵심 요소는 핵잠수함의 음향 특성 또는 소음 수준을 줄이는 것이다. 2011년에는 중국이 미국의 선제 타격에도 버틸 수 있을 정도로 핵잠수함의 음향 특성을 줄이는 데 수십 년이 걸릴 것으로 예측되었다. 그러나 10년도 채 되지 않아 중국은 이 목표를 이루는 데 큰 진전을 보였다. Lieber and Press, "The New Era of Counterforce," 47; Caleb Larson, "Chinese Submarines Are Becoming Quieter," *National Interest*, 2020년 9월 10일; Wu Riqiang, "Survivability of China's Sea-Based Nuclear Forces," *Science and Global Security* 19, no. 2 (2011): 91–120. 2006년 리버와 프레스가 《포린 어페어스》에 기고한 글은 러시아와 중국 모두의 비난을 받았다. 또한 러시아와 중국의 우려를 자극하여 핵역량의 부활과 현대화로 이어졌다. 그러나 미국의 핵우위를 향한 야욕이 가하는 위협은 계속해서 러시아와 중국 전략

2010년 미국과 러시아 간에 체결된 뉴스타트New START (신전략무기감축협정)에서 핵무기 수를 제한하기는 했지만, 한쪽이 다른 쪽의 군사력을 완전히 파괴할 수 있는 대군사 무기의 현대화 경쟁을 막을 수는 없었다. 허용되는 핵무기 숫자를 제한한 것이 대군사 전략으로 이어졌던 것이다. 대군사 전략에서는 미국이 우세할 뿐만 아니라 실현 가능성도 훨씬 높았다. (지상 미사일 발사기지 및 위장 강화와 더불어) 보복 공격용 핵무기가 존재할 수 있는 세 가지 기본 조건 중 하나가 바로 그런 핵무기의 숫자이기 때문이다.[39] 핵우위를 목표로 삼은 미국은 냉전 시기에 체결된 주요 핵 협약에서 일방적으로 탈퇴하기 시작했다. 2002년 조지 W. 부시 행정부는 탄도탄요격미사일협정Anti-Ballistic Missile Treaty에서 일방적으로 탈퇴했다. 2019년 도널드 트럼프 행정부는 러시아가 중거리핵전력조약Intermediate-Range Nuclear Forces Treaty을 위반했다고 주장하며 탈퇴를 선언했다. 역시 트럼프 정권 시절인 2020년에 미국은 항공자유화조약Open Skies Treaty(다른 국가 상공에 정찰기를 띄우는 것을 제한하는 조약)에서 탈퇴했고 뒤이어 러시아도

기획가의 머릿속에서 지워지지 않았다. Karl Lieber and Daryl G. Press, "Nuclear Weapons, Deterrence, and Conflict," *Strategic Studies Quarterly* 10, no. 5 (2016): 31–42를 참조하기 바란다.

39 Lieber and Press, "The New Era of Counterforce," 16–17.

2021년 이 조약에서 탈퇴했다. 이런 협정에서 탈퇴한 것이 미국의 핵우위 달성을 위한 대군사 전략을 확대하는 데 도움이 되었던 것은 분명하다.

미국이 전반적인 핵우위를 추구하는 가운데 러시아는 지난 20년 동안 핵무기 시스템 현대화에 나섰다. 대군사 역량에서는 러시아가 확실히 불리하지만 말이다. 따라서 러시아의 핵전략은 자국의 핵억지력과 보복 공격 능력을 사실상 초토화할 수 있는 미국의 선제 타격에 대한 공포를 바탕으로 한다. 그렇기에 러시아는 신뢰할 수 있는 억지력을 다시 갖추기 위해 노력을 많이 기울였다. 2020년, 컬럼비아대학교 살츠만전쟁및평화연구소Saltzman Institute of War and Peace의 신시아 로버츠Cynthia Roberts가 〈러시아의 핵 억지 정책에 관한 사실Revelations About Russia's Nuclear Deterrence Policy〉에서 지적했듯, 러시아는 미국의 재래식 및 핵 전략무기 개선 노력을 "러시아의 핵억지력을 몰래 추적하고, 반격하지 못하게" 만들고, 결국 '무력화'를 통해 러시아의 핵억지력을 사실상 모두 제거하기 위한 것으로 생각한다.[40] 미국은 '핵을 우선 사용하고 단계적으로 확전한다'고 위협하는 최대한의 핵 '방어' 태세를 채택했다. 여기서

---

40 Roberts, "Revelations About Russia's Nuclear Deterrence Policy";
Sankaran, "Russia's Anti-Satellite Weapons."

미국은 모든 확전 단계에서 우위를 점한다. 반면 러시아는 계속해서 상호확증파괴MAD를 주로 활용하면서 '핵억지력을 사용할 수 없으면 전면전'으로 가는 방식을 취한다.[41]

그러나 최근 러시아와 중국의 전략무기 기술과 시스템은 한 단계 도약했다. 미국의 선제 타격 능력 개발 시도에 대응하고 미국의 핵억지력을 무력화하기 위해, 러시아와 중국은 미국의 미사일 방어와 고정밀 타겟팅 우위에 상응하는 비대칭 전략무기 시스템으로 눈을 돌렸다. 대륙간탄도미사일은 취약하다. 극초음속(마하 5 이상, 즉 음속의 5배 이상으로 정의됨)에 도달할 수는 있지만 대기에 재진입하면 마치 총알처럼 예측할 수 있는 탄도 경로를 따르기 때문이다. 따라서 대륙간탄도미사일로는 상대를 기습할 수가 없다. 표적을 예측할 수 있고 이론적으로 대탄도미사일로 요격이 가능하기 때문이다. 대륙간탄도미사일이 있는 강화 미사일 격납고는 눈에 띄는 표적이며 오늘날 미국의 고정밀 위성 유도 핵/비핵 미사일 앞에서는 더더욱 취약하다. 자신들의 기본적인 억지력에 대한 대군사 위협에 직면한 러시아와 중국은 미국을

---

41 Alexey Arbatov, "The Hidden Side of the U.S.-Russian Strategic Confrontation," Arms Control Association, 2016년 9월; Brad Roberts, *The Case for U.S. Nuclear Weapons in the 21ˢᵗ Century* (Stanford: Stanford University Press, 2015).

앞질러 극초음속 미사일 개발에 나섰다. 이런 극초음속 미사일은 공기역학적으로 조종이 가능하여 미사일 방어를 회피하고 적이 최종 목표물을 알지 못하게 만들 수 있다. 러시아는 자체 속도가 마하 10 이상이라는 킨잘Kinzhal 극초음속 미사일과 로켓 부스터를 가동하면 무려 마하 27이라는 속도를 내는 아방가르드Avangard 극초음속 미사일을 개발했다. 중국은 마하 6의 웨이브라이더waverider 극초음속 순항미사일을 보유하고 있다. 이 무기는 중국 고사에서 유래한 '살수간杀手锏'(필살기라는 뜻_옮긴이)이라는 이름으로 불린다. 무장이 더 뛰어난 적을 상대하기 위한 효과적인 무기라는 의미다.[42] 한편 러시아와 중국은 고정밀 핵/비핵 무기라는 미국의 우위를 상쇄하기 위해 위성에 맞선 '대우주' 무기를 개발하고 있다.[43]

---

42 Richard Stone, "National Pride Is at Stake: Russia, China, United States Race to Build Hypersonic Weapons," *Science*, 2020년 1월 8일, 176-96; Dagobert L. Brito, Bruce Bueno de Mesquita, Michael D. Intriligator, "The Case for Submarine Launched Non-Nuclear Ballistic Missiles," Baker Institute, 2002년 1월.

43 Sankaran, "Russia's Anti-Satellite Weapons." 미국이 대군사 분야를 선도하고 있으므로 러시아와 중국은 자국의 핵억지력을 겨냥한 대군사 공격을 회피하기 위한 '대항' 전략과 기술의 개발을 강조한다. Lieber and Press, "The New Era of Counterforce," 46-48을 참조하기 바란다.

러시아와 중국이라는 선도적인 핵보유국의 기술력 때문에 미국은 핵우위를 여전히 달성하지 못하고 있다. 게다가 대군사 전략으로 촉발된 핵무기 경쟁은 근본적으로 비이성적이고 핵으로 인한 전 세계적인 대화재를 일으켜 상호확증파괴MAD 시나리오에서 예측했던 것보다 훨씬 심각한 결과를 초래할 위험이 있다. 양쪽에서 수억 명에 달하는 사망자가 나올 것이기 때문이다. 핵겨울은 전 세계적인 핵전쟁 시 성층권의 연기와 그을음으로 지구 전체가 뒤덮여 인류의 대부분이 사망할 수 있음을 의미한다.

이런 현실을 감안하면, 전면적인 핵전쟁에서 우위를 차지한다는 개념에 기반한 미국의 핵태세는 특히나 위험하다. 도시에서 발생하는 불기둥의 역할과 그로 인해 상층 대기권으로 밀려 올라가 햇빛 대부분을 차단하게 될 연기의 영향을 부인하기 때문이다. 결국 핵우위 추구는 상호확증파괴MAD에서 광기madness로 이어진다.[44] 엘스버그는 다음과 같이 썼다.

---

44 Diane Johnstone, "Doomsday Postponed?," in Paul Johnston, *From Mad to Madness: Inside Pentagon Nuclear War Planning* (Atlanta, GA: Clarity, 2017), 272–86을 참조하기 바란다.

공격의 중추를 무력화함으로써 상호 파괴를 회피할 수 있으리라는 희망은 다른 전략과 마찬가지로 근거가 없다. 미국과 소비에트[러시아] 간의 핵전쟁은 두 당사국만이 아니라 전 세계에 대재앙이 될 것이 확실했고 지금도 그렇다고 생각하는 것이 현실적이다. (중략) [정책 입안자들은] 그런 위협, 즉 전 세계의 절멸을 촉발할 수 있는 상태가 아니라고 믿기로 한 것처럼 행동했다(그리고 실제로 그렇게 믿었을지도 모른다).[45]

신냉전과 유럽

〈절멸주의에 관하여〉와 1980년대 유럽 비핵화 운동의 지도자로서 가졌던 일반적인 입장을 통해 톰슨은 당시 유럽의 핵무장 강화가 군사개입과 기술적 필요성에 따른 산물이라고 주장했다. 그는 이런 군사개입과 기술적 필요성이 "소위

---

45 Ellsberg, *The Doomsday Machine*, 307. 오늘날 미국의 전략가들 사이에는 핵무기로 인해 발생할 불기둥의 가능성을 낮춘 것으로 보이는 '사상자 최소화' 또는 (공격 능력의) '무력화'를 추구하는 선제 타격 능력과 관련한 논의가 다시 불붙고 있다. Lieber and Press, "The New Era of Counterforce," 27–32를 참조하기 바란다.

'적'으로 인한 위기나 '적'이 실현한 혁신에 따라 높아지는 경향이 있기는 했지만, 국제 외교 정세의 변화와는 별개의 움직임을 보였다"라고 말했다.[46] 톰슨의 주장은 핵무장 강화에 동구권과 서구권이 동등하게 책임이 있다는 전제를 바탕으로 동서의 평화운동을 하나로 규합하려는 전략의 일환이었다. 그러나 톰슨은 이 지점에서 미국의 대군사 무기 등 공세적인 핵무장 강화와 소련을 겨냥한 전략무기의 유럽 배치를 보여주는 자신의 증거와 상반되는 주장을 하게 되었다. 해리 맥도프Harry Magdoff와 폴 M. 스위지Paul M. Sweezy는 《먼슬리 리뷰》 1982년 9월호에서 〈핵 치킨게임Nuclear Chicken〉이라는 글을 통해 톰슨의 주장을 반박했다. 미국의 의사에 따른 NATO의 전략적 확대와 함께, 미국의 제국주의 질서가 핵무기 사용 여부와는 관계없이 다른 나라를 선제 타격할 수 있다는 실질적인 위협에 크게 의존한다는 점을 지적한 것이다.[47]

엘스버그는 톰슨과 댄 스미스Dan Smith가 편집한 《저항과 생존Protest and Survive》의 1981년 미국판 서문을 작성했다. 여기서 그는 미국이 제국주의 국가로서의 목적을 달성하기 위해 핵 선제 타격을 무기로 다른 나라(핵보유국과 비보유국 모두)를

---

46 Thompson, *Beyond the Cold War*, 46.

47 Magdoff and Sweezy, "Nuclear Chicken," 3–6.

압박하여 굴복시켰던 사례를 1949년부터 나열했다.[48] 1945년부터 1996년 사이만 하더라도 기록된 핵위협이 25건이었고 나머지는 그 이후에 발생했다.[49] 이를 보면 미국의 전략에 핵전쟁 위협이 내재한다는 것을 알 수 있다. 대군사 무기를 활용한 핵우위 확대는 이런 위협이 또다시 러시아와 중국 등 주요 핵보유국조차 실질적으로 겨냥할 수 있다는 가능성을 제시했다. 맥도프와 스위지는 이런 접근 방식을 미국이 가장 공격적인 플레이어인 '핵 치킨게임'이라고 불렀다.

핵 치킨게임은 냉전이 끝나도 종료되지 않았다. 카터 정권 시절 국가안보 고문이자 냉전 이후 NATO의 확장을 기획한 즈비그뉴 브레진스키의 영향을 받은 미국은 국가안보에서 유라시아 지역 내 미국의 궁극적인 지정학적 헤게모니를 끊임없이 추구했다. 브레진스키는 유라시아를 두고 "거대한 체스판"이라고 불렀다. 그리고 이 판에서 체크메이트란 (브레진스키가 자신의 지정학적 전략을 밝힐 때 핵이라는 요소는 신중하게 배제하기는 했지만) 우크라이나를 NATO의 전략적 핵동맹에 가입시키고, 러시아를 강대국 자리에서 끌어내려 가능하

---

48 Daniel Ellsberg, "Introduction: Call to Mutiny," in Thompson and Smith, ed., *Protest and Survive*, i–xxviii. 재출간 시 제목은 다음과 같다. "Call to Mutiny," *Monthly Review* 33, no. 4 (1981년 9월): 1–26.

49 Ellsberg, *The Doomsday Machine*, 319–22.

면 여러 개의 작은 국가로 분할하여 결과적으로 미국이 전 세계에서 우위를 장악하는 것이라고 했다.[50] 냉전 이후 유일한 강대국으로 남은 미국을 영원히 전 세계의 제국으로 만들려면 NATO 세력이 동쪽으로 확장해야 했다. NATO의 세력 확장은 1997년 빌 클린턴 정권부터 시작되었고 단계적으로 대서양동맹Atlantic Alliance을 흡수함으로써 서유럽과 우크라이나 사이에 있는 거의 모든 국가를 세력권으로 편입했다. 그리고 우크라이나는 최종 전리품이자 러시아의 심장에 꽂는 비수였다.[51] 여기서 미국 주도의 NATO 확장 전략과 미국의 핵우위 전략은 거의 동일하게 진행되어 일치하는 면모를 보였다.

우크라이나를 향한 NATO의 군사적 확장을 두고 러시아가 자국의 안보 문제를 고민하게 된 것은 지극히 당연하다. 지난 10년간 세력 확장 전략으로 바르샤바조약기구나 소련에 속했던 11개국이 NATO에 가입했다. 그리고 《포린 어페어스》에서 미국의 핵우위를 특집으로 다룬 지 채 1년도 되지 않은 2007년, 블라디미르 푸틴 러시아 대통령은 뮌헨 안보 회의에서 "단극 모델은 오늘날 세계에서 용인할 수 없을 뿐더러 가능한 일도 아니다"라고 명백하게 선언하며 세계를 깜짝 놀라게 했다.[52] 그러나 브레진스키가 유라시아의 "지정

---

50 Brzezinski, *The Grand Chessboard*, 46, 92–96, 103.

51 Editors, "Notes from the Editors."

52 Diana Johnstone, "Doomsday Postponed?," 277

학적 축"이라고 불렸던 곳으로 세력을 확장하여 러시아에 치명타를 가하겠다는 장기 전략에 따라서, 2008년 NATO는 부쿠레슈티 회담에서 우크라이나를 군사 전략(핵) 동맹에 편입할 것이라고 밝혔다.

2014년에 미국이 조장한 우크라이나의 유로마이단 쿠데타로 인해 민주적으로 선출된 대통령이 쫓겨났으며 백악관이 선택한 인물이 그 자리를 이어받았다. 그에 따라 우크라이나는 우파와 극단적인 민족주의 세력에 장악되었다. 이에 러시아는 크림반도를 자국 영토로 병합했다. 이는 크림반도가 우크라이나에 남을 것인지 러시아로 병합할 것인지에 관한 주민투표의 결과에 따른 것이었다. 크림반도의 주민 대다수는 러시아어를 사용하고 스스로 우크라이나에 포함되지 않는다고 생각했다. 유로마이단 쿠데타('색깔 혁명'이라고도 한다)는 러시아어를 사용하는 주민이 대다수인 우크라이나 돈바스 지역에서 러시아어 사용 주민에 대한 정부의 폭력적인 탄압으로 이어졌다. 그리고 미국의 지원을 받는 우크라이나 정부와 러시아의 지원을 받는 러시아어를 사용하는 독립 돈바스 공화국(도네츠크 및 루한스크) 간의 우크라이나 내전이 발발했다. 우크라이나 내전으로 2014년부터 2022년 초까지 1만 4천 명 넘게 사망했으며 이 기간에 낮은 수위로 전쟁이 계속되었다. 갈등을 종식하고 우크라이나 내 돈바스 공화국에 자치권을 주기로 한 민스크 협정이 2014년에 체결되었음에도 말이다. 2022년 2월, 우크라이나 정부는 우크라이나 동부 돈바스 지역과의 경계 지대에 13만 명의 군인을 동원하여 도네츠크와 루한스크에 폭격을 가했다.[53]

우크라이나 전쟁이 심화하면서 푸틴은 러시아의 근본적인 안보 요구와 관련하여 다음 몇 가지 레드라인을 제시했다.

(1) (러시아, 우크라이나, 프랑스, 독일이 내용을 작성하고 돈바스 인민공화국이 서명했으며 UN 안보리가 지지한) 이전 민스크 협정을 준수하여 도네츠크와 루한스크의 자치와 안보를 보장할 것.

(2) NATO의 우크라이나 군사화를 중지할 것.

(3) 우크라이나가 NATO에 편입되지 않는 것에 동의할 것.[54]

---

53 Editors, "Notes from the Editors"; Diane Johnstone, "For Washington, War Never Ends," *Consortium News* 27, no. 76 (2022); John Mearsheimer, "On Why the West Is Principally Responsible for the Ukrainian Crisis," *Economist*, 2022년 3월 19일.

54 Mark Episkopos, "Putin Warns the West to Heed Russia's Redlines in Donbass," *National Interest*, 2021년 12월 21일; Associated Press, "Russia Publishes 'Red Line' Demands of U.S. and NATO Amid Heightened Tension Over Kremlin Threat to Ukraine," *Marketwatch*, 2021년 12월 18일.

미국의 압력을 받은 NATO는 위에서 언급한 레드라인을 끊임없이 넘어왔으며 우크라이나 정부가 돈바스 공화국과 전쟁을 치르는 데 군사원조를 더 많이 제공했다. 러시아는 이를 사실상 우크라이나를 NATO로 편입하기 위한 시도로 보았다.

2022년 2월 24일, 러시아는 돈바스 편에 서서 우크라이나 내전에 개입하여 우크라이나 정부군을 공격했다. 2월 27일에는 냉전 이후 처음으로 핵무기 시설의 경계 태세를 최고로 올렸다. 이에 세계는 엄청난 자본주의 강대국 간의 전 세계적인 핵 대학살극이 벌어질 위기에 처했다. 조 맨친 3세Joe Manchin III 웨스트버지니아주 민주당 상원 의원과 같은 미국 정치인들은 우크라이나에 비행금지구역을 설정해야 한다는 주장에 동의했다. 이 조치로 인해 만약 러시아 비행기가 격추된다면 3차 세계대전으로 비화할 가능성이 농후한데도 말이다.[55]

---

55 Luke Broadwater and Chris Cameron, "U.S. Lawmakers Say They Are Largely Opposed to a No-Fly Zone Over Ukraine," *New York Times*, 2022년 3월 6일.

두 가지 방향의 절멸주의

오늘날 대부분 사람들은 기후 변화가 인류의 생존 그 자체를 위험에 빠뜨리는 실질적인 전 세계적 위협이라고 여긴다. 이제 인류는 사상 최대로 화석연료를 사용하면서 끊임없이 자본주의를 확대함에 따라 산업 문명이 붕괴하고 결과적으로 자신의 생존이 위협받을 가능성(수십 년 내에 생산 체제가 급격하게 변화하지 않는 이상 그럴 개연성이 크다)에 직면하고 있다. 이것이 우리 시대의 환경적 절멸주의이다. UN IPCC에 따르면, 세계가 평균온도 상승폭을 산업화 이전 수준인 1.5°C 아래 또는 2°C보다 훨씬 낮게 유지한다는 합리적인 희망을 품으려면 2050년까지 이산화탄소 배출량 넷제로net zero를 달성해야 한다. 이 목표를 달성하지 못한다면 인류와 수많은 다른 생명체의 안전한 터전인 지구를 멸망으로 인도하게 될 것이다.

기후 변화는 서로 교차하는 아홉 개의 지구위험한계선과 연관된 더 큰 범주의 지구 생태 위기에 해당한다. 이는 기후 변화를 비롯하여 생물종의 멸종, 성층권의 오존 감소, 해양 산성화, 질소와 인의 공급 주기 혼란, 지표 식물 및 숲의 소실, 담수원 감소와 이에 따른 사막화, 대기 에어로졸 증가,

새로운 합성 화학물질과 새로운 유전자형 등의 신물질과 관련되어 있다.[56] 여기에 농기업이 촉발한 인간과 자연의 관계 변화로 발생한 코로나19 팬데믹[57]과 같은 인수공통감염병까지 감안해야 한다.

그럼에도 현재 세계적인 생태 위기의 중심에 기후 변화가 있다는 점은 분명하다. 핵겨울과 마찬가지로 기후 변화도 문명과 인류의 존속 여부에 위협을 가한다. IPCC는 2021~2022년 사이의 기후 변화와 그 영향에 관한 자연과학 보고서에서 되돌릴 수 없는 수준의 기후 변화를 막는다 하더라도 가장 낙관적인 시나리오에서조차 향후 수십 년간 전 세계적인 재해가 증가할 것이라고 지적한다. 인류 문명 사상 전대미문의 극단적인 기상 현상에 노출될 생명과 수억, 수십억 명의 생활 여건을 보호하려면 즉각적인 행동이 필요하다.[58] 이런 기후 변화에 맞서려면 전 세계에서 그동안 보지

---

56 Will Steffen et al., "Planetary Boundaries: Guiding Human Development on a Changing Planet," *Science* 347, no. 6223 (2015): 736–46.

57 Rob Wallace, *Dead Epidemiologists: On the Origins of COVID-19* (New York: Monthly Review Press, 2020)를 참조하기 바란다. [국역 《죽은 역학자들-코로나19의 기원과 맑스주의 역학자의 지도》, 구정은, 이지선 역, 너머북스, 2021.]

58 UN Intergovernmental Panel on Climate Change, "Summary for

못했던 수준의 노동자와 민중의 위대한 운동이 일어날 필요가 있다. 이를 통해 그동안 자본주의 체제에 빼앗겼던 노동자와 민중의 존재 기반을 복원하고, 실질적인 평등에 바탕을 둔 생태적으로 지속 가능한 세계를 재건해야 한다.[59]

오늘날 기후 위기의 재앙적인 측면에 세계가 집중하도록 만들려던 2022 IPCC 보고서는 아이러니하게도 러시아가 NATO에 맞서 우크라이나에 침공한 지 4일 만인 2022년 2월 28일에 발표되었다. 전쟁으로 전 세계적인 핵전쟁 가능성에 관한 우려가 커지면서 탄소 절멸이라는 전 인류에 가해진 하나의 존재론적 위협에서 갑자기 튀어나온 핵 절멸이라는 위협으로 세계의 관심이 쏠리게 되었다.

Policymakers," *Climate Change 2022: Impacts, Adaption and Vulnerability* (Geneva: IPCC, 2022). "Summary for Policymakers," *Climate Change* 2021도 참조하기 바란다.

59 결론은 사실 UN IPCC의 *Sixth Assessment Report* (AR6) 3부에 나온 과학자들의 평가와도 일맥상통한다. AR6의 *Summary for Policymakers* 3부에 나온 과학자들의 평가 내용은 2022년 4월 발표를 앞두고 2021년 8월에 유출되었다. 발표된 *Summary for Policymakers* 3부(정부 평가 보고서라고도 함)의 내용은 정부 측의 심한 검열과 편집을 거친 것이었다. 과학자들이 제공한 기후 변화 완화에 관한 주요 연구 결과를 삭제한 것이다. "Notes from the Editors," *Monthly Review* (2022년 6월), https://monthlyreview. org/2022/06/01/mr-074-02-2022-06_0/를 참조하기 바란다.

주요 핵보유국 간 전쟁 가능성으로 세계의 이목이 쏠리는 가운데 과학 용어로 '핵겨울'이라고 표현되는 전 지구적인 핵위협에 관한 이야기는 어디에서도 보이지 않는다. 지구 온난화와 핵겨울은 서로 다른 원인으로 발생하지만 기후 측면에서 보면 둘은 서로 밀접하게 연관되어 있다. 그리고 어느 쪽이든 지구 생명체 대부분이 파괴될 위험에 처했다는 것을 보여준다. 인류가 돌이킬 수 없는 지경으로 지구 온난화가 진행되거나 아니면 핵으로 인한 화재로 수억 명이 사망하고 수개월간 전 세계적으로 기온이 떨어져(핵겨울) 전 세계 인구 대부분이 기아로 절멸하게 되니 말이다. 강대국들은 인류의 존재 자체를 위협하는 기후 변화의 파괴적인 측면을 부정하는 것만큼이나 핵겨울이 전 지구에 끼칠 영향을 부정한다. 핵겨울이 모든 대륙의 인구를 사실상 멸망시키리라는 사실이 과학 연구로 밝혀졌는데도 말이다. 게다가 전 세계 문명이 불안정해지는 상태(자연과학계에서는 세계 평균 온도가 4°C 상승하면 발생하리라 예측했다)가 될 정도까지 지구 온난화가 진행되면 자본주의 민족국가 간 경쟁이 심화할 것이다. 그 결과 핵으로 인한 화재와 그에 따른 핵겨울의 위험은 더욱더 커질 것이다.[60]

---

60 Ellsberg, *The Doomsday Machine*, 18.

오늘날 우리는 절멸주의와 인간의 생존을 위한 생태적 필수조건이라는 두 가지 선택지에 직면했다.[61] 전 세계적 생존 위기를 일으킨 두 가지 요인, 즉 자본주의와 '유한한 환경 속에서 자본 축적과 제국주의 권력을 기하급수적으로 증가시킨다'는 자본주의의 말도 안 되는 목표가 이제 인류를 위협하고 있다. 이 고삐 풀린 위협에 맞서는 유일한 방법은 생태와 평화에 기반한 전 세계의 혁명적인 운동이다. 지구와 생명체의 전체적인 파괴로 향하는 지금의 흐름에서 벗어나 실질적인 평등과 생태적 지속 가능성, 즉 사회주의를 실현하는 세계로 나아가는 운동 말이다.

---

61 Thompson, *Beyond the Cold War*, 76.

이 책이 한반도 진보주의자에게 주는 것들

국제전략센터

이 책은 우리에게 네 가지를 주고 있다.

첫째, '신냉전'이라는 개념을 준다.

러시아-우크라이나 전쟁이 시작된 후, 유럽의 지식인 사회와 진보 단체 및 정당들은 전쟁을 반대하는 입장이었다. 하지만 대부분의 입장이 '전쟁이 왜 일어났는가' 하는 본질에 접근하기보다는 반러시아 분위기로 읽혀졌기 때문에 매우 당황스러웠다.

이 책은 러시아-우크라이나 전쟁의 본질을 명확히 밝히고 있다. 바로 '신냉전'이다. 이 책의 저자들은 전혀 회복의 기미가 없는 자본주의 경제 위기와 기후 위기 속에서 전 세계가 신냉전이라는 전혀 다른 전환기를 맞이하고 있다는 것을 보여준다.

'신냉전'이라는 단어는 한국 사회에 낯선 단어가 아니다. 그런데 이 책을 통해 접한 '신냉전' 개념은 전쟁의 위협에 늘 시달리는 한국 사회가 구냉전 이후 세계를 관성적으로 신냉전이라 불러 왔다는 사실을 알려 준다.

독자들이 이 책을 접한 후 곰곰이 생각해 본다면 현실 사회주의 실험의 실패 이후 해체된 냉전, 그다음을 규정하는 단어는 없었다는 것을 금방 깨닫게 된다. 경제적으로는 자본주의의 변화로 나타난 신자유주의라는 말은 있었지만, 국제 정치적 변동에 대해 정확히 설명하는 단어는 없었다.

이 책은 우리에게 구냉전 해체 이후 진정한 신냉전이 이제야 시작되고 있다고 말해 준다. 핵심은 전 세계적으로 해체되었던 냉전이 다시 시작되고 있다는 것이다. 이런 인식은 한반도에 사는 사람이라면 머리카락이 쭈뼛 서는 긴장을 유발한다. 어느 정도는 관리될 수 있다고 믿었던 한반도의 평화가 순식간에 무너질 수 있으며, 그 결과는 우리에게 전쟁이라는 참혹한 결과를 줄 것이기 때문이다. 그러는 순간 한반도에 사는 진보주의자에게는 한미일 군사동맹이 다시 보이고, 한미합동군사훈련이 다시 읽히며, 대만을 둘러싸고 미중 사이에서 벌어지는 거친 말 논쟁 속에서 다시 긴장감이 보인다. '신냉전'이라는 개념은 이렇게 세계를 인식하는 우리의 사고를 바꿔 버린다.

둘째, 그동안 답을 찾지 못했던 세계 정세의 주요한 질문에 답을 준다.

신냉전, 그 전환기를 주도하는 것은 누구나 알듯이 제국주의로서 미국의 패권성이다. 이 책이 말하는 미국의 대군사 전략, 이를 가능케 하는 미국 정치 그룹 간의 차이가 사라진 태도, 아마겟돈을 언급하며 핵전쟁 위기를 부추기는 미국 대통령의 모습에서 왜 미국이 신냉전을 주도하려 하는지 알 수 있다.

미국의 군사 패권 제국주의는 신자유주의 이후 군산복합체와 국제 투기자본의 결합을 더욱 강력히 만들어 왔다. 책에서는 미국이 이러한 결합으로 군사력에서 압도적 우위를 만들어 내긴 했지만 제국주의의 경제적 우위를 만들어 내지는 못했다고 말한다. 그 결과 미국은 군사적 우위를 이용해 군사적 행동을 중심으로 패권성을 유지하려 하고 있다. 그것이 미국이 신냉전을 주도하는 이유다.

이 책의 저자들은 러시아-우크라이나 전쟁의 원인을 미국의 주도성에서 찾는다. 왜 미국이 중동에서 철수했는가? 왜 미국이 한미일 군사동맹을 전략적 수준으로 높여 가는가? 러시아-우크라이나 전쟁은 왜 발생했는가? 이런 질문에 대해 명쾌한 답변을 준다. 이 책은 중동 전략을 중심에 두고 중국과 러시아를 압박해 왔던 미국의 군사 전략이 NATO를 중심으로 하는 러시아 압박 전략과 한미일 군사동맹을 중심으로 하는 중국 압박 전략으로 전개될 것임을 시사해 준다.

셋째, 한반도 전쟁 가능성이 그 어느 때보다 높다는 것을 위협적으로 보여준다.

한반도 정세의 급변은 한국 사회 내부에서 발생하는 위기로부터 발생하지 않는다. 그 위기는 대부분 '전쟁 가능성'에서 시작되고 또 끝을 맺는다. '신냉전'이 시작된 지금 전쟁 가능성이 비약적으로 높아졌다는 사실, 이것이 이 책이 한반도에 주는 가장 강력한 메시지다.

자본주의의 경제 위기가 정점을 향해 치달으면 필연적으로, 합법칙적으로 공황이 발생한다. 이 공황은 자본주의 자체를 파괴시키는 역할도 하지만, 자본주의 역사 속에서 공황은 대체로 그 위기를 강제로 극복하며 이를 자본의 축적 방식을 새롭게 바꾸는 기회로 삼아 왔다. 기존 착취의 폭력적 강화, 새로운 시장의 폭력적 개척 등도 주요한 방법이지만, 가장 좋은 방법으로 대량 파괴를 선택한다. 이 대량 파괴 방법 중 가장 효과적 수단으로 거의 예외 없이 전쟁이 선택되어 왔다.

한반도는 한국전쟁 이후 늘 전쟁의 위협 속에 있었지만 항상 관리되어 왔기 때문에 '전쟁 가능성'을 믿는 사람들이 많지 않다. 그러나 러시아-우크라이나 전쟁이 한반도에 미칠 영향, 대만을 둘러싼 정세가 한반도에 미칠 영향, 한미일 군사동맹이 한반도에 미칠 영향이 미국의 한반도 관리 전략이 아니라 한반도 전쟁 전략의 일환이라면 말은 완전히 달라진다. 책에서 앞으로 벌어질 한반도의 정세에 대해서는 언급하고 있지 않지만, 한반도에 사는 우리는 무조건반사처럼 즉각 피부로 느낄 수 있다. 우리는 쉽게 한반도의 '전쟁 가능성'이 가능성이 아니라 현실일 수 있다는 생각에 이르게 된다.

넷째, 저항 주체는 누가 되어 가고 있고, 누가 되어야 하는지 보여준다.

신냉전을 주도하는 미국, 그러나 그 저항 또한 만만치 않다. 특히 그 저항의 주체가 바뀌고 있다. 전통적인 유럽의 진보적 주체가 아니라 유라시아가 그 주역으로 떠오르고 있다.

구냉전 시기에는 팽팽한 군비 경쟁 속에서 시장자본주의, 패권제국주의 세력이 경제적 우위를 바탕으로 밀어붙이며 성공을 거뒀지만, 신냉전은 경제적 우위가 없거나 다소 밀리는 가운데 미국이 가진 압도적인 군사적 우위를 바탕으로 전개되는 매우 위험한 냉전의 상태를 맞이하게 되었다. 그 위험성은 바로 전쟁 가능성 때문이다.

유라시아판과 미국을 중심으로 하는 제국주의판이 서로 충돌하고 있다. 지금은 미국 주도성이 매우 높지만 이 판의 중심은 이동할 것으로 보인다. 또한 이 판의 충돌 크기가 더욱 커져 가고 있다. 중국과 러시아를 중심으로 하는 유라시아. 미국 동맹의 변화를 보이는 중동, 새롭게 다시 형성되는 라틴아메리카의 핑크타이드, 여기에 북한의 움직임 등이 존재한다.

다만 중국의 대만 정책, 러시아가 우크라이나 공격을 감행한 점, 중-러의 세계 경제 위기 속 경제성장의 정도 등에 대해서 다양한 견해가 존재하고 있다는 점은 한국의 진보주의자들 사이에도 여전한 논쟁거리를 던져 준다.

한국의 진보 세력이 어떤 저항 주체가 되어야 하는지

에 대한 시급한 논의가 필요해 보인다. 노콜드워 같은 반전운동 연합의 건설 또한이 시급하다.

이처럼 이 책은 한국의 진보주의자에게 많은 영감을 준다. 그러나 지금 시급한 것은 영감이 아니라 행동일지도 모른다.

한반도의 진보주의자에게 이 글을 선물로 안겨 준 존 벨라미 포스터, 데보라 베네치알레, 존 로스 및 동지 비자이 프라샤드에게 감사의 인사를 전한다. 또한 이 책이 나올 수 있게 함께해 준 《먼슬리 리뷰》, 노콜드워 콜렉티브, 트라이컨티넨탈: 사회연구소에 감사드린다. 꾸준한 활동을 통해 한국의 진보주의자에게 진보적 텍스트를 소개해 주는 두번째테제 출판사와 번역과 감수 작업에 힘써 준 국제전략센터의 심태은, 이재오, 황정은, 김앨리스에게도 특별히 감사 인사를 전한다. 한국의 진보주의자와 함께 이 책을 나누며, 기회가 되면 이 주제로 토론과 논쟁을 이어 가기를 기대해 본다. 물론 반전 평화를 위한 당신의 액션도 기대한다.